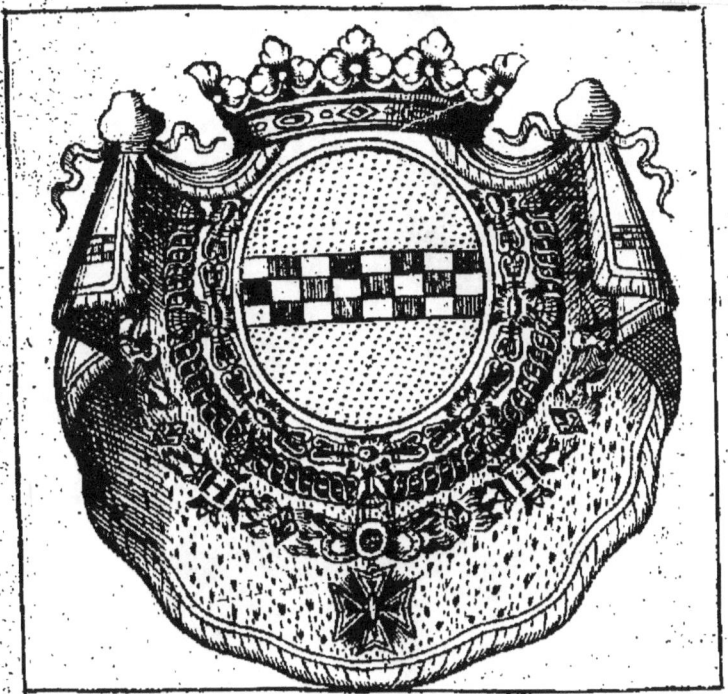

Y·6087
#A.

ye   10663

LES RONDES,
CHANSONS
A DANSER;

Suite des dix Volumes

D'AMUSEMENTS
Recueillis & mis en ordre

Par le Sieur BALLARD, Seul Imprimeur du Roy, &c.

TOME I.

A PARIS,
AU MONT-PARNASSE,
ruë Saint Jean de Beauvais.

M D C C X X I V.

Avec Privilege de Sa Majesté.

L E PUBLIC qui donne le Titre general d'AMUSEMENTS aux *Parodies, Brunettes, Tendresses Bacchiques, & Clef des Chansonniers* ou *Vauxdevilles*, composez depuis plus de cent ans ; Ne trouvera pas mauvais que j'intitule ces Rondes, *Suite des dix Volumes d'Amusements.*

Si l'on voit que j'ay châtié dans ce Recüeil des paroles un peu trop libres, je me flatte que les Personnes que je respecte, ne désaprouveront pas cette attention. Autrement, je serois obligé souvent de supprimer quantité d'Airs qu'on chante ordinairement, & que les Curieux souhaitent de voir rassemblez : Et si l'on y trouve quelques Couplets dont les Rimes sont tout à fait irregulieres, je n'ay pas cru qu'il me fût permis de les retrancher ny de les reformer, parce qu'ils ont été chantez jusqu'à present, tels que je les donne.

LE PREMIER Volume contient cent cinquante Rondes avec leurs Couplets. ET LE SECOND, cinquante ; avec cent Contre-Danses parodiées.

Je suis persuadé qu'il aura échapé à ma Recherche de plusieurs années, quantité de Couplets, & même des Airs, qui formeront dans la suite un troisiéme Volume, avec les Contre-Danses qu'on multipliera sans doute.

Je ferai tres-redevable aux Connoisseurs, de vouloir bien me faire part de leurs découvertes dans ces deux genres : Ils s'y doivent trouver d'autant plus interessez, que je ne travaille que pour le Public. Je n'épargneray de mon côté, aucun soin, pour rendre cette Recherche encore plus complette.

Les Amusements sont composez de douze Volumes In-douze ; Sçavoir,

TROIS des Parodies Bacchiques, sur les plus beaux Airs des Opera, mêlées de Rondes de Table.

TROIS des Brunettes ou petits Airs tendres, avec quelques Chansons à danser.

DEUX des Tendresses Bacchiques, qui renferment quantité d'excellents *Duo*.

DEUX de La Clef des Chansonniers, qui contiennent trois cent Vauxdevilles.

ET DEUX des Rondes, composées de trois cent Chansons à Danser, dont un tiers en Contre-Danses.

ON peut joindre à ces Amusements, ceux des *Mille-&-un-Air*, qui font avec leurs suites, quatre differents Livres in-quarto.

Les Concerts Parodiques de la même forme.

LE Recüeil des Paroles des Opera, en ONZE Vol. de la même forme,

OU in-12. en même nombre de Volumes.

ET LE PORTE-FEUILLE DE MADAME *** In-douze, contenant diverses Poësies.

LES RONDES,
CHANSONS
A DANSER.

TOME I.

LES RONDES,
CHANSONS
A DANSER.

Premier Air.

Mon pere a fait planter un bois,

D'où venez-vous promenez-vous comme moy?

Où il n'y croît rien que des noix, D'où venez-vous,

promenez-vous, D'où venez-vous Belle,

CHANSONS A DANSER.

D'où venez-vous, promenez vous comme moy.

Où il n'y croît rien que des noix, D'où venez, &c.
J'en cüeilli six, j'en mangeay trois. D'où venez, &c.

J'en cüeilli, &c. D'où venez, &c.
J'en fus malade au lit trois mois. D'où venez, &c.

J'en fus, &c. D'où venez, &c.
Tout le monde m'y venoit voir. D'où venez, &c.

Tout le &c. D'où venez, &c.
Mais mon ami point n'y étoit. D'où venez, &c.

Mais mon, &c. D'où venez, &c.
Il m'a promis qu'il y viendroit. D'où venez, &c.

Il m'a, &c. D'où venez, &c.
Qu'une bouteille apporteroit. D'où venez, &c.

Qu'une, &c. D'où venez, &c.
Où luy & moy seuls y boiroient. D'où venez, &c.

Où luy, &c. D'où venez, &c.
Qu'avez vous Belle, avez vous froid? D'où venez, &c.

Qu'avez, &c. D'où venez, &c.
Couvre-moy de ton mantelet. D'où venez, &c.

Couvre, &c. D'où venez, &c.
Ce remede me gueriffoit. D'où venez, &c.

A ij

LES RONDES,

Deuxiéme Air.

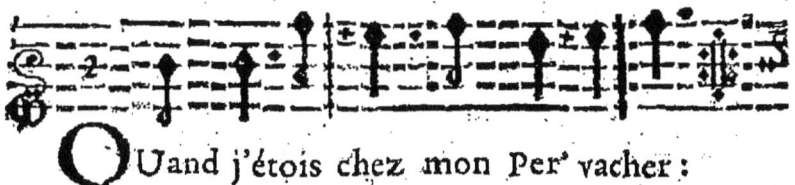

Quand j'étois chez mon Per' vacher :

Les vache'on m'envoyoit garder, A ma noi-

ron don don, A ma peti- te noire.

Les vache'on m'envoyoit garder :

J'ay oublié mon déjeuner,

A ma noiron don don,

A ma petite noire.

J'ay oublié mon déjeuner :

Ma sœur me le vint apporter,

A ma noiron don don,

A ma petite noire.

Ma sœur me le vint apporter :
Qu'a vous dans vôtre tablier,
A ma noiron don don,
A ma petite noire ?

Qu'a vous dans vôtre tablier?
Ce sont des poulets fricassez,
A ma noiron don don,
A ma petite noire.

Ce sont des poulets fricassez :
Ce n'est pas là pour un vacher,
A ma noiron don don,
A ma petite noire.

Ce n'est pas là pour un vacher:
Du pain bis & du lait caillé,
A ma noiron don don,
A ma petite noire.

Du pain bis & du lait caillé :
N'oubliez pas la grand'cuillé,
A ma noiron don don,
A ma petite noire.

N'oubliez pas la grand'cuillé :
Et la corde pour l'attacher
A ma noiron don don,
A ma petite noire.

LES RONDES,
Troisiéme Air.

Quand j'étois chez mon Pere Petite Camuson: J'allois à la fontaine verduron', oh verdurette, pour y cueillir du jonc, Verdurette, oh verduron.

J'allois à la fontaine,
Pour y cueillir du jonc;
Et j'étois trop jeunette,
Verduron, oh verdurette,
Je suis tombée au fond,
Verdurette, oh verduron.

CHANSONS A DANSER.

Et j'étois trop jeunette,
Je suis tombée au fond :
Et par icy passerent,
Verduron, oh verdurette,
Trois beaux jeunes garçons
Verdurette, oh verduron.

Et par icy passerent
Trois beaux jeunes garçons :
Que donnerez-vous Belle,
Verduron, oh verdurette,
Nous vous retirerons,
Verdurette, oh verduron.

Que donnerez-vous Belle,
Nous vous retirerons :
Quand seray retirée,
Verduron, oh verdurette,
Nous y aviserons,
Verdurette, oh verduron.

Quand seray retirée,
Nous y aviserons :
Quand je fus retirée,
Verduron, oh verdurette,
Leur dis une chanson,
Verdurette, oh verduron.

Quand je fus retirée,
Leur dis une chanson :
Voilà comme les filles,
Verduron, oh verdurette,
Attrapent les garçons,
Verdurette, oh verduron.

LES RONDES,

Quatriéme Air.

LA bas dans la prairie, J'ay rencontré Sylvi- e: e: Qui voyoit tant doucement, La bouche de son Amant; La Belle, entrez en danse pour en faire tout autant.

CHANSONS A DANSER.

Chacun dans cette bande,

A eû ce qu'il demande :

Il faut donc pour me payer,

Et me bien recompenser,

Que j'aille à chaque Belle avec elle m'égayer.

Dans cette Chanson on repette le premier Couplet autant de fois qu'il y a de personnes, & on ne dit le second, que pour finir.

Cloris cette jeune rusée, Se plaignoit Qu'on l'avoit poussée: Iris pour appaiser son feu, Luy dit, Tout beau, mauvaise; Un honneste-homme vaut bien peu, S'il ne vaut qu'on se taise.

Vrayment tu es bien innocente,
De faire icy la mécontente :

Sçais-tu pas que c'est à ce jeu
Qu'on appaise sa braise,

Un honneste-homme vaut bien peu,
S'il ne vaut qu'on se taise.

✠

Ces petits regards à la mode,
Ont un usage assez commode :

Sans cette chose, un froid devis
N'est pas viande qui plaise,

Un honneste-homme à mon avis,
Vaut bien que l'on se taise.

✠

Quoyque tu m'entende ainsi rire,
Ne pren pas sujet d'en médire :

Car fille de bien je le suis,
Autant qu'autre qu'on nomme,

Mais pour un regard je ne puis
Refuser un brave homme.

✠

LES RONDES,

Sixiéme Air.

Mon Pere m'a donné mary,

Qu'est-ce que d'un homme si petit:

tit? Il me l'a donné, je l'ay pris, Qu'est-

Refrain.

il? où est-il? Qu'est-ce que d'un homme

s'il n'est, s'il n'est homme, Qu'est-ce que d'un

homme qui est si petit? Quest-ce, &c.

CHANSONS A DANSER.

Il me l'a donné je l'ay pris,
Qu'est-ce que d'un homme si petit ?
Le soir quand avec luy couchis,
Qu'est-il ? où est-il ?
Quest-ce, &c.

☙

  Le soir quand avec luy couchis,
Qu'est-ce que d'un homme si petit ?
Dedans le lit il se perdit,
Qu'est-il, &c.

☙

  Dedans le lit il se perdit,
Qu'est-ce que d'un homme si petit ?
Dedans la paille le cherchis ;
Qu'est-il, &c.

☙

  Dedans la paille le cherchis,
Qu'est-ce que d'un homme si petit ?
Bien quatre jours il y restit ;
Qu'est-il, &c.

☙

  Bien quatre jours il y restit,
Qu'est-ce que d'un homme si petit ?
Tant qu'à la fin il étouffit ;
Qu'est-il, &c.

☙

  Tant qu'à la fin il étouffit,
Qu'est-ce que d'un homme si petit ?
M'en voilà quitte, Dieu mercy ;
Qu'est-il, &c.

☙

LES RONDES,

Septiéme Air.

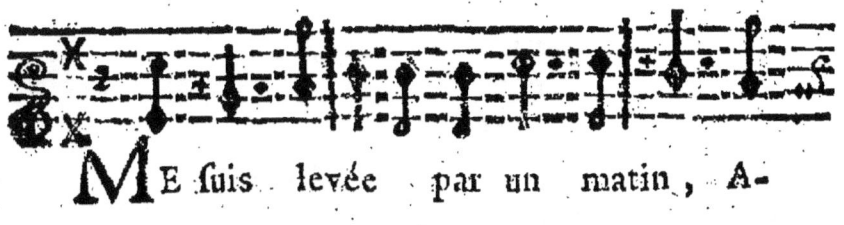

ME suis levée par un matin, A-

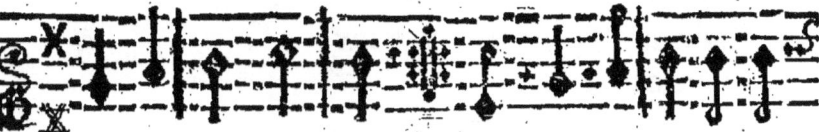

mour, tu n'entens point : M'en suis allée dans

Refrain.

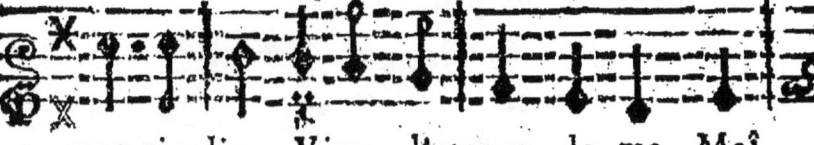

mon jardin; Vive l'amour de ma Maî-

tresse, Amour, tu n'entens point Le

bout de la ruë qui fait le coin.

M'en suis allée dans mon jardin,
Amour, tu n'entens point :

Pour y cüeillir le Romarin,
Vive l'amour de ma Maîtresse,
Amour, tu n'entens point,
Le bout de la ruë qui fait le coin.

CHANSONS A DANSER.

Pour y cüeillir le Romarin,
Amour, tu n'entens point:
Je n'en eus pas cüeilli trois brins,
Vive l'amour, &c.

✤

Je n'en eus pas cüeilli trois brins,
Amour, tu n'entens point:
Que le doux Rossignol y vint,
Vive l'amour, &c.

✤

Que le doux Rossignol y vint,
Amour, tu n'entens point:
Qui me disoit en son latin,
Vive l'amour, &c.

✤

Qui me disoit en son latin,
Amour, tu n'entens point:
Fille, croyez-moy, n'aymez point,
Vive l'amour, &c.

✤

Fille, croyez-moy, n'aymez point,
Amour, tu n'entens point:
Car les garçons ne valent rien,
Vive l'amour, &c.

✤

Car les garçons ne valent rien,
Amour, tu n'entens point:
Et les hommes encore moins,
Vive l'amour, &c.

✤

16 LES RONDES,

Huitiéme Air.

Mon Pere m'y marie, A un jeune garçon: Me donne en mariage, Un vieux méchant poëlon, Mon pauvre mari-age,

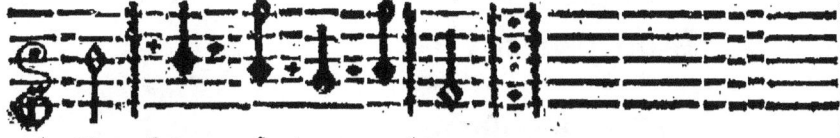

Va bien à recu- lon.

> Me donne en mariage,
> Un vieux méchant poëlon :
>
> Une méchante écuëlle,
> Qui n'a point dorillon,
>
> Mon pauvre mariage,
> Va bien à reculon.

Une

CHANSONS A DANSER.

Une méchante écuelle,
Qui n'a point d'orillon :
Et une vieille huche,
Qui n'avoit point de fond,
Mon pauvre, &c.

Et une vieille huche,
Qui n'avoit point de fond :
Une méchante vache,
Qui n'avoit qu'un trayon
Mon pauvre, &c.

Une méchante vache,
Qui n'avoit qu'un trayon :
Une ânesse éreintée,
Avecque son ânon,
Mon pauvre, &c.

Une ânesse éreintée,
Avecque son ânon :
Pour aller à la foire,
A la foire à Baumont,
Mon pauvre, &c.

Pour aller à la foire,
A la foire à Baumont :
En passant dans les bois
Le loup mangit l'ânon,
Mon pauvre, &c.

LES RONDES,

Neuviéme Air.

EH mon Pere, mariez-moy, Ne suis-je pas en âge: Je perds la fleur de mon printemps, N'est-ce pas grand domma-

Refrain.

ge, N'oseroit-on passer son temps. Sans être en ma- ria- ge?

Je perds la fleur de mon printemps,
N'est-ce pas grand dommage:
Mon Pere a dit, ma Fille, attends,
Et ne perds pas courage:
N'oseroit-on passer son temps,
Sans être en mariage?

CHANSONS A DANSER.

Mon Pere a dit, ma Fille, attend,
Et ne perds pas courage:
J'attendray bien encor un an,
Mais non pas davantage:
N'oseroit-on passer son temps,
Sans être en mariage?

J'attendray encor bien un an,
Mais non pas davantage:
Et je feray en attendant
Un battu en herbage:
N'oseroit-on passer son temps,
Sans être en mariage?

Et je feray en attendant
Un battu en herbage:
Nôtre Voisine en fait autant,
Qui contre-fait la sage:
N'oseroit-on passer son temps,
Sans être en mariage?

Nôtre Voisine en fait autant,
Qui contre-fait la sage:
On diroit à la voir marchant
Quelle a son parentage:
N'oseroit-on passer son temps,
Sans être en mariage?

LES RONDES,

Dixiéme Air.

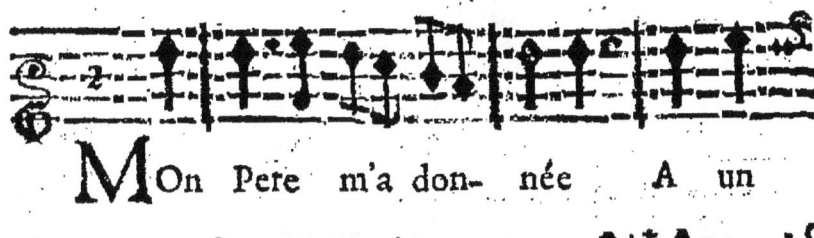

Mon Pere m'a don- née A un

A- vo- cat : La premiere nui- tée,

Refrain.

Qu'avec luy coucha ; A, a, Oun, oun,

oun, oun point.

La premiere nuitée,

Qu'avec luy coucha :

Il me tourni l'épaule,

Et puis s'endorma, A, a,

Oun, oun, oun, oun point.

CHANSONS A DANSER.

Il me tourni l'épaule,
Et puis s'endorma :

Oh mon Pere, oh mon Pere,
Quel homme est-cela ? A, a,
Oun, oun, oun, oun point.

Oh mon Pere, oh mon Pere,
Quel homme est-cela :

Oh ma Fille, oh ma Fille,
Il a des ducats ? A, a,
Oun, oun, oun, oun point.

Oh ma Fille, oh ma Fille,
Il a des ducats :

Oh mon Pere, oh mon Pere,
Qu'est-ce que cela ? A, a,
Oun, oun, oun, oun point.

LES RONDES,

Onziéme Air.

Or il étoit un homme Lequel d'amour vivoit: Il alla voir sa mie, Qui sur un lit ouistanvoire, Qui sur un lit pleuroit.

Il alla voir sa mie,
Qui sur un lit pleuroit:
Qu'avez-vous donc la Belle,
Qu'avez-vous à ouistanvoire,
Qu'avez-vous à pleurer?

Qu'avez-vous donc la Belle,
Qu'avez-vous à pleurer?
Ah! j'ay ma vache à traire,
Et j'ay mal au ouistanvoire,
Et j'ay tant mal au doigt.

CHANSONS A DANSER.

Ah! j'ay ma vache à traire,
Et j'ay tant mal au doigt :
Que donnerez-vous Belle,
A qui vous la ouistanvoire,
A qui vous la trairoit ?

❋

Que donnerez-vous Belle,
A qui vous la trairoit ?
Il prit son escabelle,
Et le pot au ouistanvoire,
Aussi le pot au lait.

❋

Il prit son escabelle,
Aussi le pot au lait :
La vache fut farouche,
Joüa de son ouistanvoire,
Joüa de son jarret.

❋

La vache fut farouche,
Joüa de son jarret :
Renversa l'escabelle,
Et le pot au ouistanvoire,
Aussi le pot lait.

❋

Renversa l'escabelle,
Aussi le pot au lait :
Il jura par Cibelle,
Le surnom de ouistanvoire,
Le surnom qu'il portoit.

❋

Il jura par Cibelle,
Le surnom qu'il portoit :
Que jamais pour sa Belle,
Les Vaches ne ouistanvoire,
Les Vaches ne trairoit.

❋

LES RONDES,
Douziéme Air.

EN revenant de la Villette, Je paſſay par Bagnolet : Je rencontray une Laitiére, Qui portoit un pot au lait :

Refrain.

Ah, mon bon beurre, beurre, Ah, mon bon beurre frais !

CHANSONS A DANSER.

Je rencontray une Laitiere,
Qui portoit un pot au lait :
Elle tomba dessus l'herbette,
La levay cinq ou six fois :
Ah, mon bon beurre, beurre,
Ah, mon bon beurre frais !

Elle tomba dessus l'herbette,
La levay cinq ou six fois :
Et quand ce vint à la derniere,
Elle dit à haute voix :
Ah, mon bon beurre, beurre,
Ah, mon bon beurre frais !

Et quand ce vint à la derniere,
Elle dit à haute voix :
Monsieur, je vous remercie,   *Icy on fait la*
Du bien que vous m'avez fait :   *reverence.*
Ah, mon bon beurre, beurre,
Ah, mon bon beurre frais !

Monsieur, je vous remercie,
Du bien que vous m'avez fait :
Quand vous irez à la Villette,
N'oubliez pas Bagnolet :
Ah, mon bon beurre, beurre,
Ah, mon bon beurre frais !

LES RONDES,
Treizième Air.

IL nous faut des Tondeurs dans nos maisons; C'est pour tondre la laine à nos moutons; Tondre la nuit, tondre de jour, Et tondre tout le long du jour, Et

Refrain.

toute la semaine, Et puis les Compagnons viendront, Qui ton, qui ton, Qui tonderont la laine.

Il nous faut des Cardeurs dans nos maisons,
C'est pour carder la laine à nos moutons :

 Carder la nuit, carder de jour,
 Et carder tout le long du jour,
 Et toute la semaine :

 Et puis les Compagnons viendront,
 Qui car, qui car, Qui carderont la laine.

Il nous faut des Fileurs dans nos maisons,
C'est pour filer la laine à nos moutons :

 Filer la nuit, filer de jour,
 Et filer tout le long du jour,
 Et toute la semaine :

 Et puis les Compagnons viendront,
 Qui fi, qui fi, Qui fileront la laine.

Il nous faut des Fouleurs dans nos maisons,
C'est pour fouler la laine à nos moutons :

 Fouler la nuit, fouler de jour,
 Et fouler tout le long du jour,
 Et toute la semaine :

 Et puis les Compagnons viendront,
 Qui fouleront, Qui fouleront la laine.

Quatorziéme Air.

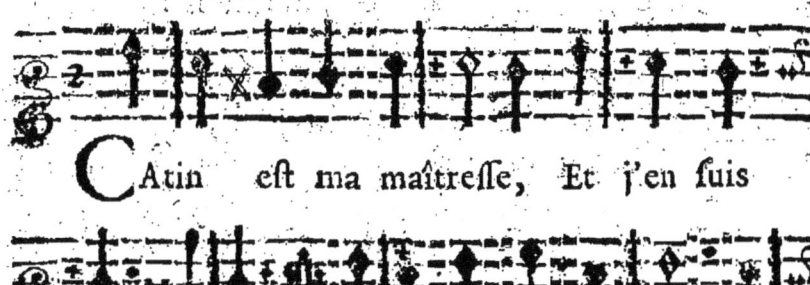

Catin est ma maîtresse, Et j'en suis amoureux : Elle a les yeux chassieux, La

Refrain.

taille comme une esse, Mais elle a pris mon

tire pousse'et haye'Mais elle a pris mon cœur.

Elle a la dent tres noire,
En parlant crache au nez :

Et ses cheveux crepez,
Sont de couleur d'yvoire ;

Refrain. Mais elle a pris mon tire pousse'et haye,
Mais elle a pris mon cœur.

CHANSONS A DANSER.

Quand elle trouve à boire,
Ne boit point à demi :

Sa peau douce est ainsi,
Comme une décrotoire ;
Mais elle, &c.

On ne voit point de linge,
Dessus ce cuir boüilli :

Quand elle chante ou rit,
Il semble voir un singe ;
Mais elle, &c.

Elle a la gorge seche,
Et le torticolis :

Sale dans ses habits,
Et l'humeur pigriesche ;
Mais elle, &c.

Le regard des plus louche,
Bête comme un oison :

Jamais aucun garçon,
Ne la trouva farouche ;
Mais elle, &c.

Elle est toute bouffie,
Marche d'un air cagnieux :

A mine de foireux,
Et peste en Compagnie ;
Mais elle, &c.

LES RONDES,

Quinzième Air.

Je me mariay Lundy, Je me mariay Lundy, A un joly petit Mary, A un joly petit Mary : Qui n'est pas plus gros qu'une Souri, Et vla pourquoy je l'ay pris, Afin qu'il m'en coûta moins, En chaussure & en pourpoint.

CHANSONS A DANSER.

  Du dedans d'une noix, *bis.*
Je l'ay bien nourri trois mois : *bis.*
Mon joly petit Mary ;
Et vla pourquoy je l'ay pris,
Afin qu'il, &c.

  De la plure d'un oignon, *bis.*
Je luy ay fait un caleçon : *bis.*
Avec un bonet de nuit ;
Et vla pourquoy je l'ay pris,
Afin qu'il, &c.

  D'une feüille d'artichaud, *bis.*
Je luy ay fait un manteau : *bis.*
Et une culotte aussi ;
Et vla pourquoy je l'ay pris,
Afin qu'il, &c.

  De la coquille d'un œuf, *bis.*
Je le couvre quand il pleut : *bis.*
Et quand il nége aussi ;
E vla pourquoy je l'ay pris,
Afin qu'il, &c.

  D'un' vieille aiguille épointée, *bis.*
Je luy ay fait faire une épée, *bis.*
Et un ptit poignard aussi ;
Et vla pourquoy je l'ay pris,
Afin qu'il, &c.

LES RONDES,

Seiziéme Air.

Guillot dit à Guillemette, Guillemette dit à Guillot: Allons danser sur l'herbette, Nous dirons une chansonnette, Mais Guillemette ny Guillot, Ne dirent pas un seul mot.

L'une faisoit la follette,
Et l'autre paroissoit tout sot:

Car la danse étoit muette,
Il leur manquoit une Musette,
Mais Guillemette ny Guillot,
Ne dirent pas un seul mot.

Ils sçavoient si bien la danse,
Que tous les deux alloient le trot:

Ils faisoient la reverence,
Ils entendoient bien la cadence,
Mais Guillemette ny Guillot,
Ne dirent pas un seul mot.

LES RONDES,

Dix-septième Air.

AUprès de vous Climene, Quand je pouf-

se un soupir: Vous riez de ma pei-
Refrain.

ne, Et me laissez languir: L'Amour me

fait lon, la, la, L'Amour me fait

mourir.

CHANSONS A DANSER.

Vous riez de ma peine,
Et me laissez languir:

Quelque soin que je prenne,
Je dois toûjours souffrir;
L'Amour me fait lon, la, la,
L'Amour me fait mourir.

Quelque soin que je prenne,
Je dois toûjours souffrir;

Les Echos de la plaine
J'en feray retentir:
L'Amour me fait lon, la, la,
L'Amour me fait mourir.

Les Echos de la plaine
J'en feray retentir:

Quoy! pour une inhumaine,
Ne sçaurois-je guerir?
L'Amour me fait lon, la, la,
L'Amour me fait mourir.

LES RONDES,

Dix-huitiéme Air.

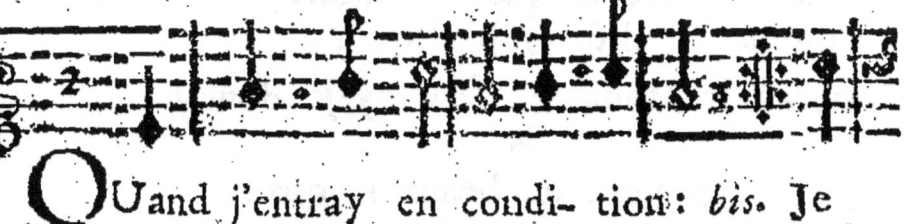

QUand j'entray en condi- tion: *bis.* Je

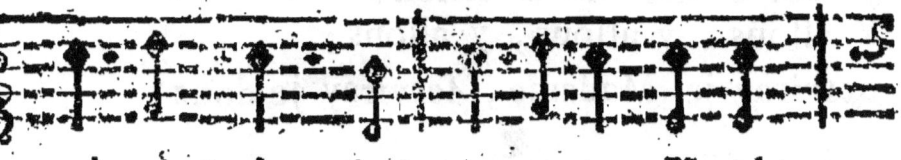

n'avois qu'un vieux cotteron; Y al-
Refrain.

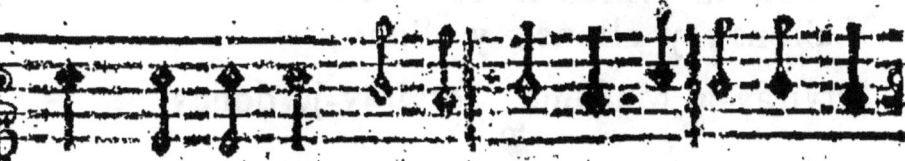

lons, y allons, y allons; Serviray- je Ma-

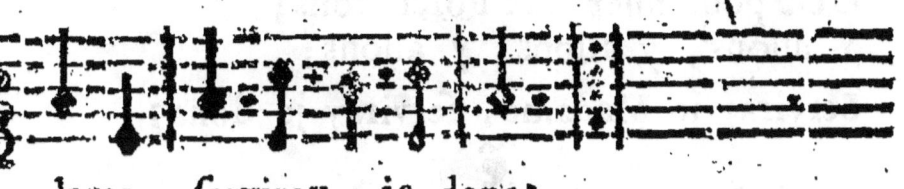

dame, ferviray- je donc?

Je n'avois qu'un vieux cotteron:
Qui tomboit par loque & haillons;
Y allons, y allons, y allons,
Serviray-je Madame, ferviray-je donc?

CHANSONS A DANSER.

Qui tomboit par loque & haillons:
Je l'ay changé en beaux jupons;
Y allons, y allons, y allons;
Serviray-je Madame, serviray-je donc?

Je l'ay changé en beaux jupons:
Je porte dantelle & frison;
Y allons, y allons, y allons;
Serviray-je Madame, serviray-je donc?

Je porte dantelle & frison:
L'Anse du panier en répond;
Y allons, y allons, y allons;
Serviray-je Madame, serviray-je donc?

L'Anse du panier en répond:
C'est pour aller aux Porcherons;
Y allons, y allons, y allons;
Serviray-je Madame, serviray-je donc?

C'est pour aller aux Porcherons:
Avec tous ces braves Garçons;
Y allons, y allons, y allons;
Serviray-je Madame, serviray-je donc?

Avec tous ces braves Garçons:
Qui font sauter les cottillons;
Y allons, y allons, y allons;
Serviray-je Madame, serviray-je donc?

LES RONDES,
Dix-neuviéme Air.

Autres Paroles, sur l'Air précedent.

UN jour Nanette & Madelon : Tra-

Refrain.

vailloient dessus la Chanson, Y allons, y al-

lons, y allons : Ne voulez-vous pas mettre à mon

corbillon.

Travailloient dessus la Chanson : *bis.*
Nanette disoit sans façon ;
Y allons, y allons, y allons :
Ne voulez-vous pas mettre à mon corbillon.

☙

Nanette disoit sans façon : *bis.*

Madelaine, donnez le ton ;
Y allons, &c.

☙

CHANSONS A DANSER.

Madelaine, donnez le ton : *bis.*
S'il nous venoit quelque Garçon ;
Y allons, &c.

☙

S'il nous venoit quelque Garçon : *bis.*
De ceux qui ne disent pas non ;
Y allons, &c.

☙

De ceux qui ne disent pas non : *bis.*
Madelaine dit, c'est fort bon ;
Y allons, &c.

☙

Madelaine dit, c'est fort bon : *bis.*
Et malgré le qu'en-dira-t-on ;
Y allons, &c.

☙

Et malgré le qu'en-dira-t-on : *bis.*
J'aime à danser sur le gazon :
Y allons, &c.

☙

J'aime à danser sur le gazon : *bis.*
Vrayment luy répondit Nanon ;
Y allons, &c.

☙

Vrayment luy répondit Nanon : *bis.*
Je croy que vous avez raison ;
Y allons, &c.

☙

Je croy que vous avez raison : *bis.*
De nos maux, c'est la guerison ;
Y allons, &c. ☙

LES RONDES,
Vingtiéme Air.

L'Amour est le pro- tecteur,
Fuïr ses traits c'est u- ne erreur,

De tous les cœurs qu'il enga- ge:
Venez- tous luy rendre hommage.

Refrain.

Pour le mari- age, bon ; Pour le badi-

nage, non.

Jeunes & tendres Galants,
Qu'un Pere ou Mere inquiette,
Ayez recours aux talents,
De l'aimable Zerbinette:

Pour le mariage, bon ;
Pour le badinage, non.

✻

CHANSONS A DANSER.

Tu seras content Colin,
Ne presse point d'avantage;
Tu me trouveras demain,
Seule au fond de ce boccage :

Pour le mariage, bon;
Pour le badinage, non.

❇

Jeune Fillette à quinze ans,
Doit sçavoir plus d'un langage,
Pour tromper les surveillants,
On peut tout mettre en usage :

Pour le mariage, bon;
Pour le badinage, non.

❇

Ce medisant de Pierrot,
Dit que Margot n'est pas sage :
Moy je soutiens que Margot,
Est à son apprentissage :

Pour le mariage, bon;
Pour le badinage, non.

❇

Au sortir de son printemps,
Femme de joli visage,
Quoyqu'elle ait passé trente ans,
Est encor dans le bel âge;

Pour le mariage, bon;
Pour le badinage, non.

❇

LES RONDES,

Vingt-unième Air.

IL étoit un Cadet blanc & qui o-

gnoit, & qui ognoit, Une Dame luy

demanda ce qu'il avoit, ce qu'il avoit:

Je voudrois bien entrer Madame: Entre

Cadet hardiment, Mon Mary n'est pas ceans ;

Refrain.

Il est tant de gens de bien, Qui stri, qui stri,

CHANSONS A DANSER.

Qui ſtrimouſſent, Il eſt tant de gens de bien,

Qui ſtrimouſſent qu'on n'en ſçait rien.

Quand le Cadet fut entré,
Et il ognoit, & il ognoit,
La Dame lui demanda, ce qu'il avoit,
Ce qu'il avoit ;

Je voudrois bien ſouper Madame,
Soupe Cadet, hardiment,
Mon Mary n'eſt pas ceans ;
Il eſt tant, &c.

Quand le Cadet eût ſoupé,
Et il ognoit, & il ognoit,
La Dame luy demanda, ce qu'il avoit,
Ce qu'il avoit ;

Je voudrois bien reſter Madame,
Reſte Cadet, hardiment,
Mon Mary n'eſt plus ceans ;
Il eſt tant, &c.

LES RONDES,

Vingt-deuxiéme Air.

L'Autre jour Je rencontray une Damoi-

selle; Belle, aux charmes de l'amour, Etes-
Refrain.

vous rebelle? Non, ce me dit-elle, non;

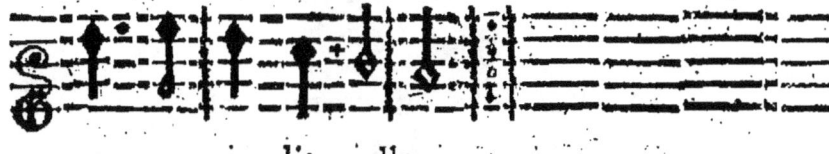

, non, ce me dit-elle.

Si mes entretiens sont doux,
Dites-moy la Belle :
Faut-il avoir avec vous
Pour cela querelle :

Non, ce me dit-elle, non; non; ce me dit-elle.

CHANSONS A DANSER.

Si l'Amour vous a soûmis,
Quelqu'amant fidelle;
Vous doit-il être permis
D'être si rebelle?
Non, ce me dit-elle, non; non, ce me dit-elle.

Vous êtes & je le croy,
Fille naturelle;
Dites-nous de bonne foy,
Estes-vous cruelle :
Non, ce me dit-elle, non; non, ce me dit-elle.

Je voudrois auprès de vous
Estre en sentinelle;
N'avez-vous point de jaloux,
Dites-moy la Belle :
Non, ce me dit-elle, non; non, ce me dit-elle.

Je vous jure en ce moment,
Que je suis fidelle :
Aimez-vous le changement,
Comme l'Hyrondelle?
Non, ce me dit-elle, non; non, ce me dit-elle.

L'amour qui regne dans mon cœur,
Broüille ma cervelle;
Répondez à mon ardeur,
Elle est éternelle :
Non, ce me dit-elle, non; non, ce me dit-elle.

LES RONDES,
Vingt-troisième Air.

LA jeune & tendre Catin, En enfilant son aiguille: Chante du soir au matin, Cette chanson si gentille:
Refrain.

Mariez, mariez, mariez-moy, Je ne veux plus rester Fille; Mariez, mariez, mariez-moy, Seule icy je meurs d'effroy.

Tous les jours à mes genoux,
On dit que je suis gentille,
Mais, helas ! sans un Epoux,
Tout cela m'est inutile :

Mariez, mariez, mariez-moy,
Je ne veux plus rester Fille,
Mariez, mariez, mariez-moy,
Seule icy je meurs d'effroy.

Quand une Fille à quinze ans,
Elle est d'un âge nubile,
Si l'on sçavoit mes tourmens,
L'on seroit moins difficile :

Mariez, mariez, mariez-moy,
Je ne veux plus rester Fille,
Mariez, mariez, mariez-moy,
Seule icy je meurs d'effroy.

LES RONDES,

Vingt-quatriéme Air.

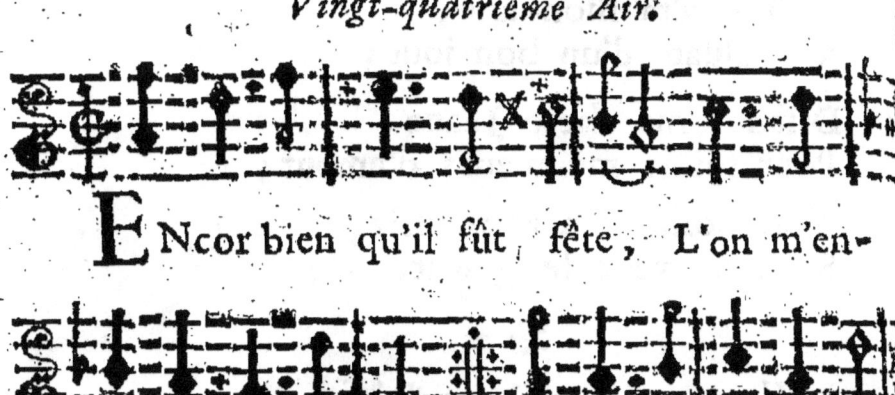

ENcor bien qu'il fût fête, L'on m'en-voyoit au Moulin: J'avois mal à la tê-

Refrain.

te Quand je rencontray Colin: Sans Co-

lin, J'allois mourir; Mais Colin m'a

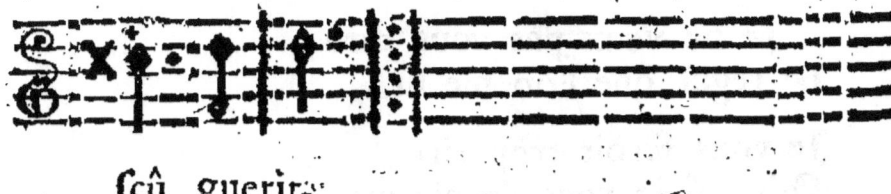

sçû guerir.

CHANSONS A DANSER

Il arrêta mon âne,
Me saluant d'un bon jour:

Disant: ma chere Jeane,
Pour toi je me meurs d'amour;

Ton Colin s'en va mourir,
Si tu ne veux le guerir.

❋

Il me quitte, il me laisse,
Et je descendis à bas:

Je faisois la mauvaise,
Feignant ne le vouloir pas;

Ton Colin, &c.

❋

Je m'assis sur l'herbette,
Et je trouvai quelque fruit:

Aussi d'une galette,
Des abricots, un biscuit;

Ton Colin, &c.

❋

Je ne veux pas vous dire,
Le régal que l'on me fit:

Je vous ferois trop rire,
Oüy, si je vous l'avois dit;

Ton Colin, &c.

Tome I.

CHANSONS A DANSER.

J'ay demandé à mon chat, veux-tu de la salade ?
Et mon chat m'a répondu, non, je suis trop malade :

Ah ! mon chat, mon chat ;
Quelqu'un a battu mon chat ;
Mais je le sçauray,
Car jamais je n'ay vû mon chat si dégouté.

J'ay demandé à mon chat, s'il vouloit une croute :
Et mon chat m'a répondu, qu'il étoit en déroute :

Ah ! mon chat, &c.

J'ay demandé à mon chat, veux-tu que je te baise ?
Et mon chat m'a répondu, je ne suis pas bien aise :

Ah ! mon chat, &c.

J'ay demandé à mon chat, s'il vouloit de l'andoüille,
Et mon chat m'a répondu, je crains ce qui chatoüille :

Ah ! mon chat, &c.

Vingt-sixiéme Air.

Mon Per' m'a marié si mal, D'autant que la barbe luy bran-le: A un Vieillard il me donna; *Refrain.* La barbe luy branle, la barbe luy va, La barbe luy branle quand il va.

CHANSONS A DANSER.

A un Vieillard il me donna,
D'autant que la barbe luy branle :
Le soir quand avec moy coucha,
La barbe luy branle, la barbe luy va,
La barbe luy branle quand il va.

Le soir quand avec luy coucha,
D'autant que la barbe luy branle :
Devinez ce qu'il me donna,
La barbe, &c.

Devinez ce qu'il me donna,
D'autant que la barbe luy branle :
C'est d'un gros pet qu'il m'étrenna,
La barbe, &c.

C'est d'un gros pet qu'il m'étrenna,
D'autant que la barbe luy branle :
Et puis après rien que cela,
La barbe, &c.

Et puis après rien que cela,
D'autant que la barbe luy branle :
Mais battu vrayment il sera,
La barbe, &c.

Vingt-septiéme Air.

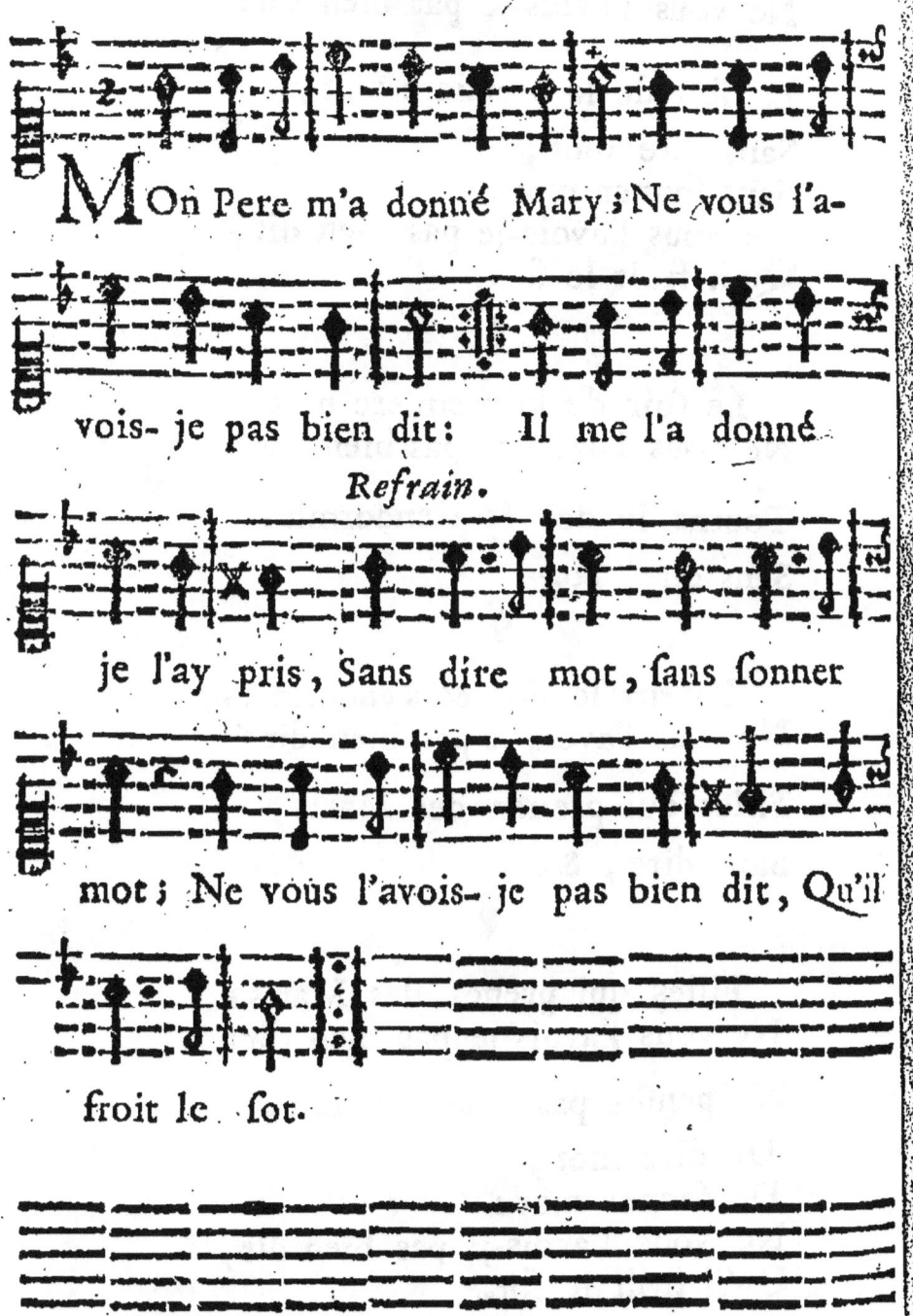

Mon Pere m'a donné Mary; Ne vous l'a- vois- je pas bien dit: Il me l'a donné

Refrain.

je l'ay pris, Sans dire mot, sans sonner mot; Ne vous l'avois- je pas bien dit, Qu'il froit le sot.

CHANSONS A DANSER.

Il me l'a donné, je l'ay pris;
Ne vous l'avois-je pas bien dit:

Le soir de la premiere nuit,
Sans dire mot,
Sans sonner mot;
Ne vous l'avois-je pas bien dit,
Qu'il froit le sot.

Le soir de la premiere nuit;
Ne vous l'avois-je pas bien dit:

Tourna le dos & s'endormit,
Sans dire, &c.

Tourna le dos & s'endormit;
Ne vous l'avois-je pas bien dit:

Filles qui prenez des Maris,
Sans dire, &c.

Filles qui prenez des Maris;
Ne vous l'avois-je pas bien dit:

Ne pensez pas pour une nuit,
De dire mot,
De sonner mot;
Ne vous l'avois-je pas bien dit,
Qu'il froit le sot.

LES RONDES,

Vingt-huitiéme Air.

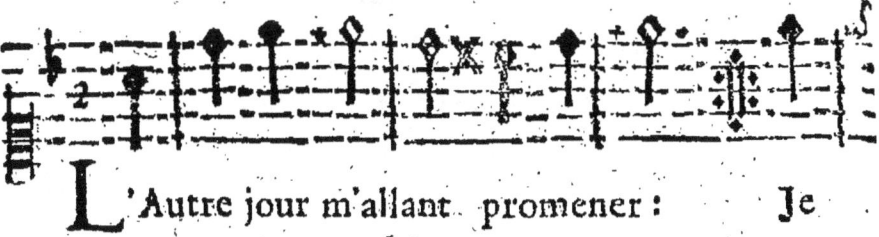

L'Autre jour m'allant promener : Je rencontray mon beau Berger, Vous m'amusez

Refrain.

toûjours ; Je n'iray plus seulette au bois, J'ay

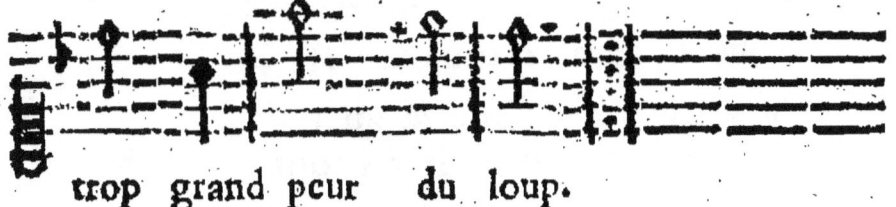

trop grand peur du loup.

Je rencontray mon beau Berger

Qui demandoit à me parler ;
Vous m'amusez toûjours ;

Je n'iray plus seulette au bois,
J'ay trop grand peur du loup.

CHANSONS A DANSER.

Qui demandoit à me parler:

Parlez Berger, & me laissez;
Vous m'amusez toûjours;

Je n'irai plus seulette au bois,
J'ai trop grand peur du loup.

❧

Parlez Berger, & me laissez:

Car ma Mere est dedans ces prez,
Vous m'amusez toûjours;

Je n'irai plus seulette au bois,
J'ai trop grand peur du loup.

❧

Car ma Mere est dedans ces prez:

Je m'en vais bien être grondé,
Vous m'amusez toûjours;

Je n'irai plus seulette au bois,
J'ai trop grand peur du loup.

❧

Je m'en vais être bien grondé

D'être si facile à parler;
Vous m'amusez toûjours;

Je n'irai plus seulette au bois,
J'ai trop grand peur du loup.

❧

LES RONDES,

Vingt-neuvième Air.

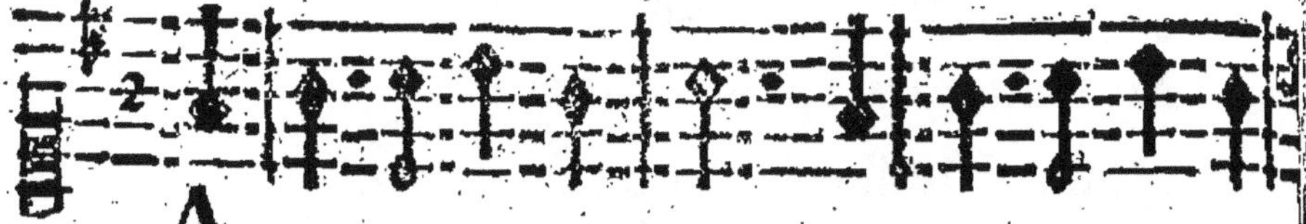

A L'âge de quinze ans, J'attendois un E-poux, Et je me fentois née Pour un fort

Refrain.

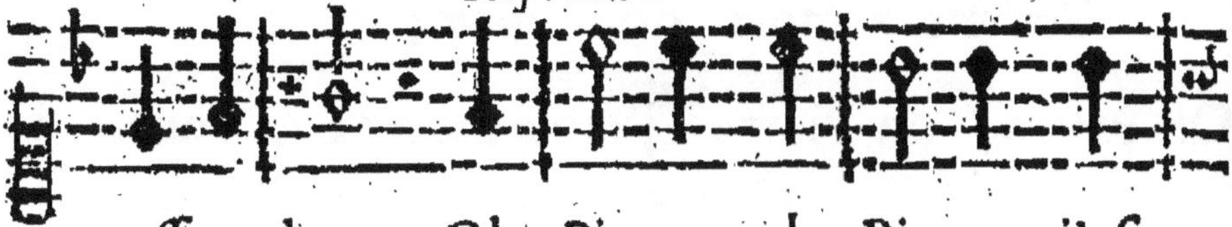

affez doux ; Oh Piarre, oh Piarre, j'é-tois morte fans vous.

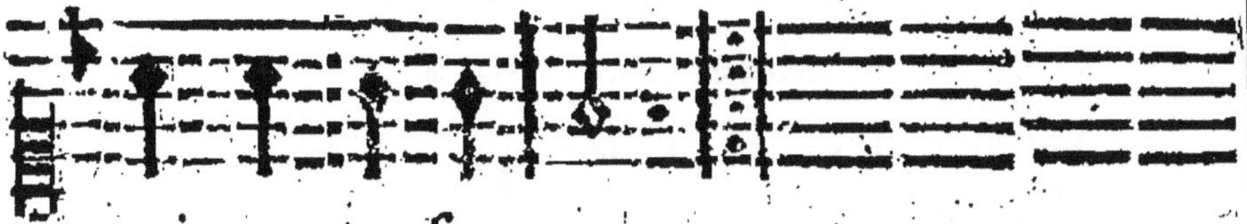

Et je me fentois née,
Pour un fort affez doux,
Lorfque de l'Hymenée,
Je reffentis les coups ;

Oh Piarre, oh Piarre, j'étois morte fans vous.

CHANSONS A DANSER.

Lorsque de l'Hymenée,
Je ressentis les coups,
Mes Parents m'ont donnée
A un Vieillard jaloux ;

Oh Piarre, oh Piarre, j'étois morte sans vous.

Mes Parents m'ont donnée,
A un Vieillard jaloux,
Qui entend l'Hymenée,
Comme à ramer des choux ;

Oh Piarre, oh Piarre, j'étois morte sans vous.

Qui entend l'Hymenée,
Comme à ramer des choux,
Jamais dans la nuitée,
N'entendis que sa toux ;

Oh Piarre, oh Piarre, j'étois morte sans vous.

Jamais dans la nuitée,
N'entendis que sa toux,
Jamais dans la journée,
N'a fermé les verroux ;

Oh Piarre, oh Piarre, j'étois morte sans vous.

LES RONDES,

Trentiéme Air.

IL étoit une Dame Que l'on ne nomme pas là, là, Assise sur sa porte, Re-

Refrain.

gardant çà & là, là, là; Que n'étois-je i-ci, que n'étois-je là, là, là, là, là, Que n'é-tois- je là?

CHANSONS A DANSER.

Assise sur sa porte,
Regardant çà & là, là, là,
Un Gentilhomme passe,
D'amour la salua là, là;

Que n'étois-je ici, que n'étois-je là, là, là, là, là,
Que n'étois-je là.

Un Gentilhomme passe,
D'amour la salua là, là,
La prit par sa main blanche,
Dans un bois la mena là, là;

Que n'étois-je, &c.

La prit par sa main blanche,
Dans un bois la mena là, là,
Lui fit la reverence,
Et puis la laissa là, là;

Que n'étois-je, &c.

Lui fit la reverence,
Et puis la laissa là, là,
Que dites-vous, mes Dames?
A-t-il bien fait cela, là, là;

Que n'étois-je, &c.

Que dites-vous mes Dames?
A-t-il bien fait cela là, là,
De voir la nape mise,
Et de ne dîner pas là, là?

Que n'étois-je, &c.

LES RONDES,

Trente-uniéme Air.

Mon Pere aussi m'a marié, Bon soir la Compagnie : Un grand Garçon il m'a donné, Bon soir la Compagnie, Bon soir, bon soir la Compagnie.

Un grand Garçon il m'a donné,
Bon soir la Compagnie :

Qui croiroit faire un faux marché ?
Bon soir la Compagnie bon soir,
Bon soir la Compagnie.

Qui croiroit faire un faux marché?
Bon soir la Compagnie.

S'il se couchoit sans me parler;
Bon soir la Compagnie, bon soir,
Bon soir la Compagnie.

S'il se couchoit sans me parler,
Bon soir la Compagnie;

S'il se levoit sans me donner,
Bon soir la Compagnie, bon soir,
Bon soir la Compagnie.

LES RONDES,

Trente-deuxième Air.

J'Ai fait un Amant nouveau, J'en suis bien contente: On dit qu'il n'est pas trop beau, Lan mistanplin, Lan tan, tan tire-

lin, J'en suis bien contente.

On dit qu'il n'est pas trop beau,
J'en suis bien contente :

Il est large par le dos ,
Lan mistanplin ,
Lan tan, tan, tirelin ,
J'en suis bien contente.

CHANSONS A DANSER.

Il est large par le dos,
J'en suis bien contente:
Toûjours droit sur ses argots;
Lan mistanplin, &c.

Toûjours droit sur ses argots,
J'en suis bien contente:
Dans son vin ne met point d'eau;
Lan mistanplin. &c.

Dans son vin ne met point d'eau,
J'en suis bien contente:
Il ne prend point de repos;
Lan mistanplin, &c.

Il ne prend point de repos,
J'en suis bien contente:
Par le froid & par le chaud;
Lan mistanplin, &c.

Par le froid & par le chaud,
J'en suis bien contente:
Il est fort comme un chameau,
Lan mistanplin, &c.

Il est fort comme un chameau,
J'en suis bien contente:
Et leger comme un moineau;
Lan mistanplin, &c.

Et leger comme un moineau,
J'en suis bien contente:
C'est ainsi qu'il me le faut;
Lan mistanplin, &c.

LES RONDES,

Trente-troisiéme Air.

Il s'en est allé Nicolas, mais il revenu Jean.
Il n'a laissé à sa femme qu'onze écus pour tout argent;
Il s'en est allé Nicolas, mais il est revenu Jean.

CHANSONS A DANSER.

Il s'en est allé Nicolas, mais il est revenu Jean,
Et quand il est revenu il en a trouvé plus de cent;
Il s'en est allé Nicolas, mais il est revenu Jean.

❊

Il s'en est allé Nicolas, mais il est revenu Jean.
A sa table il a trouvé Conseiller & Président;
Il s'en est allé Nicolas, mais il est revenu Jean.

❊

Il s'en est allé Nicolas, mais il est revenu Jean.
Il lui dit, femme ma mie, & qui sont donc tous ces gens?
Il s'en est allé Nicolas, mais il est revenu Jean.

❊

Il s'en est allé Nicolas, mais il est revenu Jean.
Ah vrayment ce lui dit-elle, vous êtes seul geans ceans;
Il s'en est allé Nicolas, mais il est revenu Jean,

LES RONDES,

Trente-quatriéme Air.

L'Autre jour le fol amour dans un bois se promenant: Il s'est empe-

tré une aîle en un buisson se joüant;

Refrain.

Et allons gay, tant gay Bergere, aymons-

nous toûjours gayment.

CHANSONS A DANSER. 69

Il s'est empetré une aîle en un buisson se joüant;
Qui me tirera d'ici, du mal d'amour est exempt;
Et allons gay, &c.

Qui me tirera d'ici, du mal d'amour est exempt,
Je fus si fou de le croire, j'approchay innocemment;
Et allons gay, &c.

Je fus si fou de le croire, j'approchay innocemment;
Mais aussi-tôt il m'échape & s'envole en me disant;
Et allons gay, &c.

Mais aussi-tôt il m'échape & s'envole en me disant:
Qui se fie à ma promesse à la fin il s'en repent;
Et allons gay, &c.

Qui se fie à ma promesse, à la fin il s'en repent:
Vous qui craignez la tendresse, évitez-le promptement;
Et allons gay, &c.

Vous qui craignez la tendresse, évitez-le promptemét,
Car je brûle, & je soupire encor plus qu'auparavant;
Et allons gay, &c.

Trente-cinquiéme Air.

EN revenāt de saint Denis, Par plai-sir: J'ay rencontré un bonnet gris, Tout de

Refrain.

travers; Jamais je n' vous aimeray à l'envers.

J'ay rencontré un bonnet gris,
Par plaisir:

Dans le jardin me conduisit:
Tout de travers;

Jamais je n' vous aimeray à l'envers.

CHANSONS A DANSER.

Dans le jardin me conduisit,
Par plaisir :

Sur un gazon me suis assis,
Tout de travers ;

Jamais je n' vous aimeray à l'envers.

Sur un gazon me suis assis,
Par plaisir :

Or sçavez-vous ce qu'il me dit,
Tout de travers ;

Jamais je n' vous aimeray à l'envers.

Or sçavez-vous ce qu'il me dit,
Par plaisir :

Ce fut par un petit souris,
Tout de travers ;

Jamais je n' vous aimeray à l'envers.

Ce fut par un petit souris,
Par plaisir :

En me disant revenez-y,
Tout de travers ;

Jamais je n' vous aimeray à l'envers.

LES RONDES,

Trente-sixiéme Air.

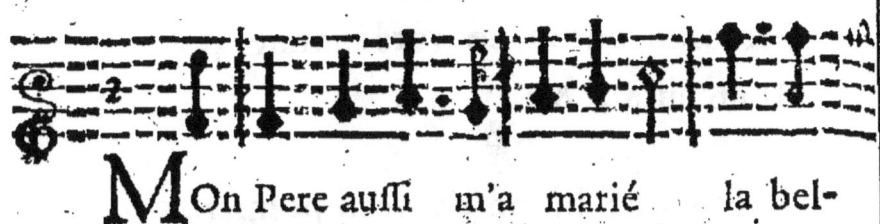

Mon Pere aussi m'a marié la bel-

le fougere: A un si vilain m'a don-

Refrain.

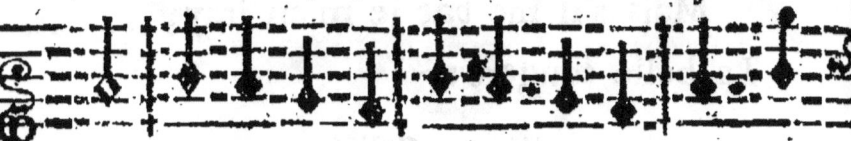

né, Il en aura, il en aura, La fou-

gere grenera, La belle fougere.

A un si vilain m'a donné,
La belle fougere :

Qui n'a ny maille ny denier,
Il en aura, il en aura.
La fougere grenera,
La belle fougere.

CHANSONS A DANSER.

 Qui n'a ny maille ny denier,
La belle fougere :
Hors un bâton de verd pomier ;
Il en aura, &c.

 Hors un bâton de verd pomier,
La belle fougere :
Mais s'il me bat je m'en iray ;
Il en aura, &c.

 Mais s'il me bat je m'en iray,
La belle fougere :
Avec ces vaillants Officiers ;
Il en aura, &c.

 Avec ces vaillants Officiers,
La belle fougere :
Ils me parleront d'amour,
Il en aura, &c.

 Ils me parleront d'amour,
La belle fougere :
Et des maris après souper ;
Il en aura, &c.

LES RONDES,

Trente-septième Air.

L'Autre jour un Villageois, Tirail-

lant une Fillette: Luy dit, pour al-

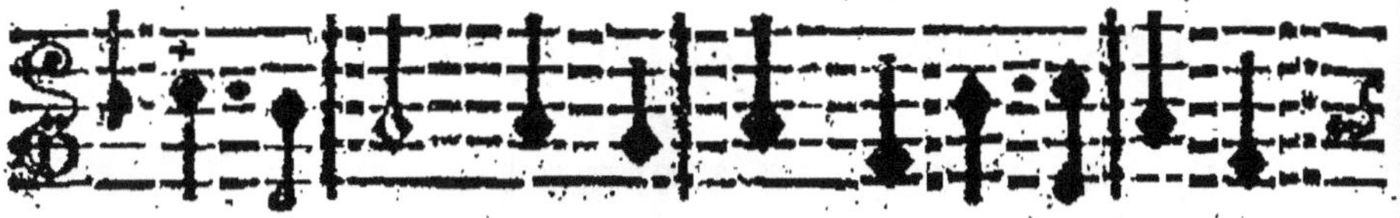

ler au bois, J'ai fait mettre une planchette;
Refrain.

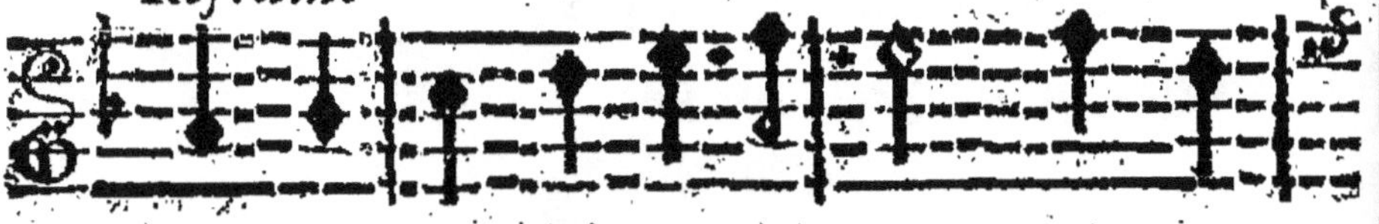

Tu ne t'en défendras pas, Que tu

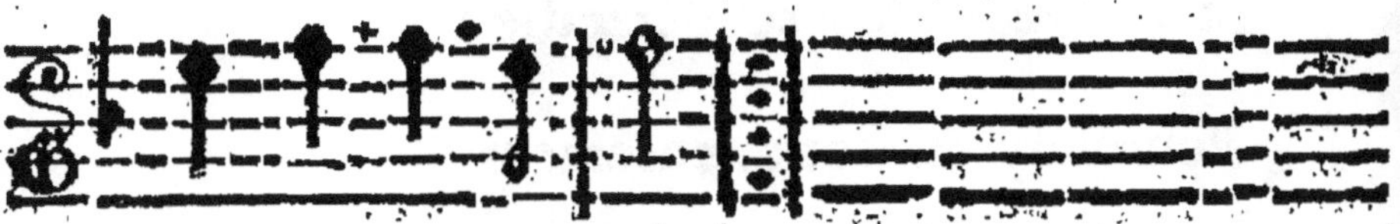

ne passe le pas.

CHANSONS A DANSER.

Je suis fou de te prier,
A quoy sert de tant attendre:

Envain tu voudrois crier,
Personne ne peut t'entendre;

Tu ne t'en défendras pas,
Que tu ne passe le pas.

❧

A quoy bon tous tes efforts,
Tu me grondes & me rechegnes:

Tu me pinces, tu me mors,
Tu me frapes & m'égrateignes;

Tu ne t'en défendras pas,
Que tu ne passe le pas.

❧

Tu te lasse maintenant,
Et ne peut plus te défendre:

Pourquoy du commencement
Ne te voulois-tu pas rendre?

Eh bien, ne sçavois-je pas
Que tu passerois le pas?

LES RONDES,
Trente-huitième Air.

QUe ma Mere est paresseuse, De me donner un amant : Et que je suis malheureuse, De languir incessamment ;
Refrain.
J'en prendray un, car il le faut, Si l'on ne m'en donne bien tôt.

CHANSONS A DANSER.

Lorsque je pense luy dire
Que j'ay pour le moins quinze ans :
Ma Mere se prend à rire,
Et me dit qu'il n'est pas temps,
J'en prendray un, car il le faut,
Si l'on ne m'en donne bien tôt.

Je prendray le premier homme,
Qui me viendra cageoller :
Et je veux bien qu'on m'assomme,
Si je n'en vais appeller,
J'en prendray un, car il le faut,
Si l'on ne m'en donne bien tôt.

Que mon oreille se lasse,
D'entendre tous ces discours :
Mais ma foy quoiqu'elle fasse,
Je chercheray du secours,
J'en prendray un, car il le faut,
Si l'on ne m'en donne bien tôt.

LES RONDES,

Trente-neuvième Air.

Vous n'y songez pas Simone, D'en u-
fer de la façon : Vous oubliez la leçon, Que chaque jour je vous donne
Refrain.

Si vous recevez ma foy, Vous devez n'aimer que moy.

CHANSONS A DANSER.

Vous m'avez fait la promesse
De me prendre pour Mary:

Mon cœur en est si ravy,
Qu'il fuit toute autre Maîtresse:

Si vous recevez ma foy,
Vous devez n'aimer que moy.

❧

Quand au bonheur de vous plaire,
Je mets mon unique soin:

Je m'en trouve encore loin,
Car tout vous met en colere:

Si vous recevez ma foy,
Vous devez n'aimer que moy.

❧

Vôtre Sœur la plus jeunette,
A pour moy moins de courroux:

Mais je n'aimeray que vous,
Sans fin je vous le repette:

Si vous recevez ma foy,
Vous devez n'aimer que moy.

❧

Vous allez dessus l'herbette,
Badiner avec Colin:

Ah! j'en mourray de chagrin,
Si vous devenez coquette:

Si vous recevez ma foy,
Vous devez n'aimer que moy.

❧

LES RONDES,

Quarantiéme Air.

Je n'en feray qu'à ma tête, Ce lambin n'est pas mon cas : Sçavez-vous qu'il est trop bête, Et n'a que des discours

Refrain:

bas : Maman, qu'il aille plus loin, Car de luy je ne veux point.

CHANSONS A DANSER.

Il n'a pas le don de plaire,
Il est plus froid qu'un verrou :

Pour moy je crois que sa mere,
La trouvé dessous un chou :

Maman, qu'il aille plus loin,
Car de luy je ne veux point.

❧

Je pense qu'il est de cire,
Il craint d'être auprès du feu :

Et même s'il faut tout dire,
Il ne m'apprend aucun jeu :

Maman, qu'il aille plus loin,
Car de luy je ne veux point.

❧

Il n'a pas la complaisance
Près de moy de demeurer :

Je projette une vengeance,
Qu'il aura peine à parer :

Maman qu'il aille plus loin,
Car de luy je ne veux point.

❧

J'iray dessous ce boccage,
Toute seule avec Colin :

Je sçay bien qu'il est plus sage,
Mais tant pis pour mon lambin :

Maman, qu'il aille plus loin,
Car de luy je ne veux point.

❧

CHANSONS A DANSER.

Je ris songeant de la sorte,
Que s'y prit ce beau garçon:

Il m'apprit une Chanson,
Belle, ou non, ne vous importe:

Ah morbleu, sans dire mot,
Ce Galant n'est pas un sot.

∞

Je te jure, ma Perette,
Que les plaisirs des Amants,

Sont toûjours doux & charmants,
Quand une flâme est secrette:

Ah morbleu, sans dire mot,
Ce Galant n'est pas un sot.

∞

Qu'il est doux quand on soûpire,
Pour un Berger complaisant,

Qui sçait d'un air amusant,
Sans fin badiner & rire:

Ah morbleu, sans dire mot,
Ce Galant n'est pas un sot.

∞

Lorsqu'un nigaut nous demande,
Il nous met dans l'embaras,

Il ne le meritte pas,
Faudroit qu'il payât l'amande:

Ah morbleu, sans dire mot,
Ce Galant n'est pas un sot.

∞

Quarante-deuxiéme Air.

Que Colin est bon garçon, Disoit Margot à sa Mere, Si vous sçavez la façon, Dont il cueille la fougere ;
Refrain.
Ah ! qu'on a le cœur joyeux, Quand on y tra-vaille deux.

Ma foy je ne voulois pas
En couper plus d'une botte :

Mais il m'apprit bien helas !
Que je n'étois qu'une sotte ;

Ah ! qu'on a le cœur joyeux,
Quand on y travaille deux.

Nous y fumes si matin,
Que je craignois la rosée :

Mais quand le Soleil y vint,
Je fus bien-tôt appaisée ;

Ah ! qu'on a le cœur joyeux,
Quand on y travaille deux.

Que c'est un charmant plaisir,
Lorsque l'on est deux ensemble :

Et l'on n'a pas le loisir,
De s'ennuyer, ce me semble ;

Ah ! qu'on a le cœur joyeux,
Quand on y travaille deux.

LES RONDES,

Quarante-troisième Air.

JE ne sçay comment il s'y prit, Jaqueline ma Mie : J'avois égaré mon esprit, J'étois toute endormie :
Refrain.
Sans me le dire, mon Amant M'a pris une aulne de ruban.

CHANSONS A DANSER.

Dieux! qu'il entend bien sa leçon,
C'est un sçavant Compere :

Il s'y prit de telle façon,
Que je ne sçûs que faire :

Sans me le dire, mon Amant
M'a pris une aulne de ruban.

Je jurois au commencement,
Que j'en deviendrois folle :

Mais que j'oubliay mon serment,
Je perdis la parole :

Sans me le dire, mon Amant
M'a pris une aulne de ruban.

Envain je voudrois vous mentir,
Et chercher une excuse :

Le drole sans m'en avertir,
S'avisa d'une ruse ;

Sans me le dire, mon Amant
M'a pris une aulne de ruban.

… LES RONDES,

Quarante-quatriéme Air.

Maman, vous n'étiez pas sage D'offrir tant de beaux écus: A ces apprentis battus, Pour me prendre en mariage:

Refrain.

Vous avois-je pas bien dit, Qu'on me prendroit à credit.

Quand

Quand leur mine rechignée,
Venoit pour me demander :

Les voyant me marchander,
J'en étois toute indignée ;

Vous avois-je pas bien dit,
Qu'on me prendroit à credit.

Quelque semaine avant Pâques,
Le cœur tout gros de douleurs :

Et les yeux baignez de pleurs,
J'en fis ma plainte au gros Jâques,

Qui tout à l'heure me dit,
Qu'il me prendroit à credit.

Moy qui lors ne fus pas folle,
J'allay d'un pas diligent,

Pour épargner vôtre argent,
Voir s'il tiendroit sa parole :

Vous avois-je pas bien dit,
Qu'on me prendroit à credit.

Maman, soyez satisfaite,
Car c'est autant d'épargné :

Voilà vôtre argent gagné,
Jacques me trouve bien faite ;

Vous l'avois-je pas bien dit,
Qu'on me prendroit à credit.

CHANSONS A DANSER.

Sçavez-vous toute sa gloire,
C'est qu'elle sçait tres-bien boire:

Avec un morceau de pain,
Pin, pin, relin pin,

C'est qu'elle sçait tres-bien boire,
Sept ou huit grands brocs de vin.

Sans moutarde & sans épice,
Elle mange la saucisse:

Et même le cervelas,
La, la, la, la, la,

Elle mange la saucisse,
Et puis boit de l'hypocras.

Je n'étois borgne ny louche,
Quand je la vis sur sa couche:

Un jour de fort grand matin,
Tin, tin, relin tin;

Quand je la vis sur sa couche,
Une bouteille à la main.

Alison est fort adroite,
Car jamais jeune fillette,

Assurez-vous de ce point,
Poin, poin, relin poin;

Car jamais jeune fillette,
N'a taillé mieux un pourpoint,

Quarante-sixiéme Air.

Colin gardant son troupeau, Auprès d'une fontaine: A la charmante Ysabeau, Contoit ainsi sa peine:

Refrain.

Si tu veux que je sois ton Amant,

Donne-moy soulagement.

N'entends-tu pas ces Oyseaux,
Quand la saison est belle ;

Ils racontent aux Echos,
Leur flâme mutuelle :

Si tu veux que je sois ton Amant,
Donne-moy soulagement.

Ce n'est que dans les plaisirs,
Que regne la constance ;

Et le chemin des soûpirs,
Mene à l'indifference :

Si tu veux que je sois ton Amant,
Donne-moy soulagement.

Berger, tu crois m'éblouïr,
Par ce trompeur langage :

Un cœur qui vit sans desir,
A l'instant se dégage ;

Il ne faut donner à son Amant,
Qu'un leger soulagement.

LES RONDES,
Quarante-septième Air.

GErvais ce vieillard maussade, Gervais ce vieillard maussade, Sans force & toûjours malade, A Catin faisoit sa cour, Et luy juroit que l'amour Le consumoit nuit & jour.

CHANSONS A DANSER.

Cette fille bien apprise : *bis.*

Voyant cette barbe grise,
Luy dit, vous êtes trop vieux :
Quoy, n'estes-vous pas honteux,
De me découvrir vos feux !

Quand on n'est pas du même âge : *bis.*

Aimer n'est pas être sage,
Car il faut trop de vertu,
Quand on voit son temps perdu,
Pour ne pas joüer du luth.

Ce vieillard eut tant de honte : *bis.*

De ne pas trouver son compte,
Qu'à l'instant il délogea,
Et tout bas me menaça,
Qu'un jour il m'attrapera.

96 LES RONDES,

Quarante-huitième Air.

JE connois un certain homme, Frere d'un certain Bâtier: Je ne sçay comme on le nomme, Dedans un certain quartier;
Refrain.
Mais il porte un certain nom, Qui fait rire Madelon.

Ce nom a certaine rime,
Qui rime à certain endroit:

Qu'on croit faire un certain crime,
De le dire tout-à-droit;

Et nommer ce certain nom,
Qui fait rire Madelon.

Il porte un certain visage,
Composé d'un certain air:

Qu'un certain fol de Village,
Sans rire n'en peut parler;

Ny nommer ce certain nom,
Qui fait rire Madelon.

Certains disent que sa femme
Exerce un certain métier:

En certain lieu que l'on blâme,
Chez un certain Savetier;

Et qu'il porte un certain nom,
Qui fait rire Madelon.

LES RONDES,

Quarante-neuviéme Air.

Un pareſſeux qui rechigne, Lorſqu'on veut ſe ré-joüir; D'une amitié n'eſt pas digne, Quand il le faut prévenir:

Refrain.

J'ayme bien mieux un Galant Qui va toû-jours devinant.

CHANSONS A DANSER.

Ceux qui demeurent ariere,
N'ont pas de courage assez :
S'il faut user de priere,
Les plaisirs en sont passez :
J'aime bien mieux un Galant
Qui va toûjours devinant.

Le Pelerin d'amourettes,
Doit deviner les soûpirs
Des innocentes Fillettes
Qui refusent les plaisirs :
Pour moi j'aime le Galant,
Qui va toûjours devinant.

Fille qui paroît farouche,
Ne l'est pas le plus souvent ;
La feinte n'est qu'à la bouche,
Mais le cœur dit autrement :
Pour moi j'aime le Galant,
Qui va toûjours devinant.

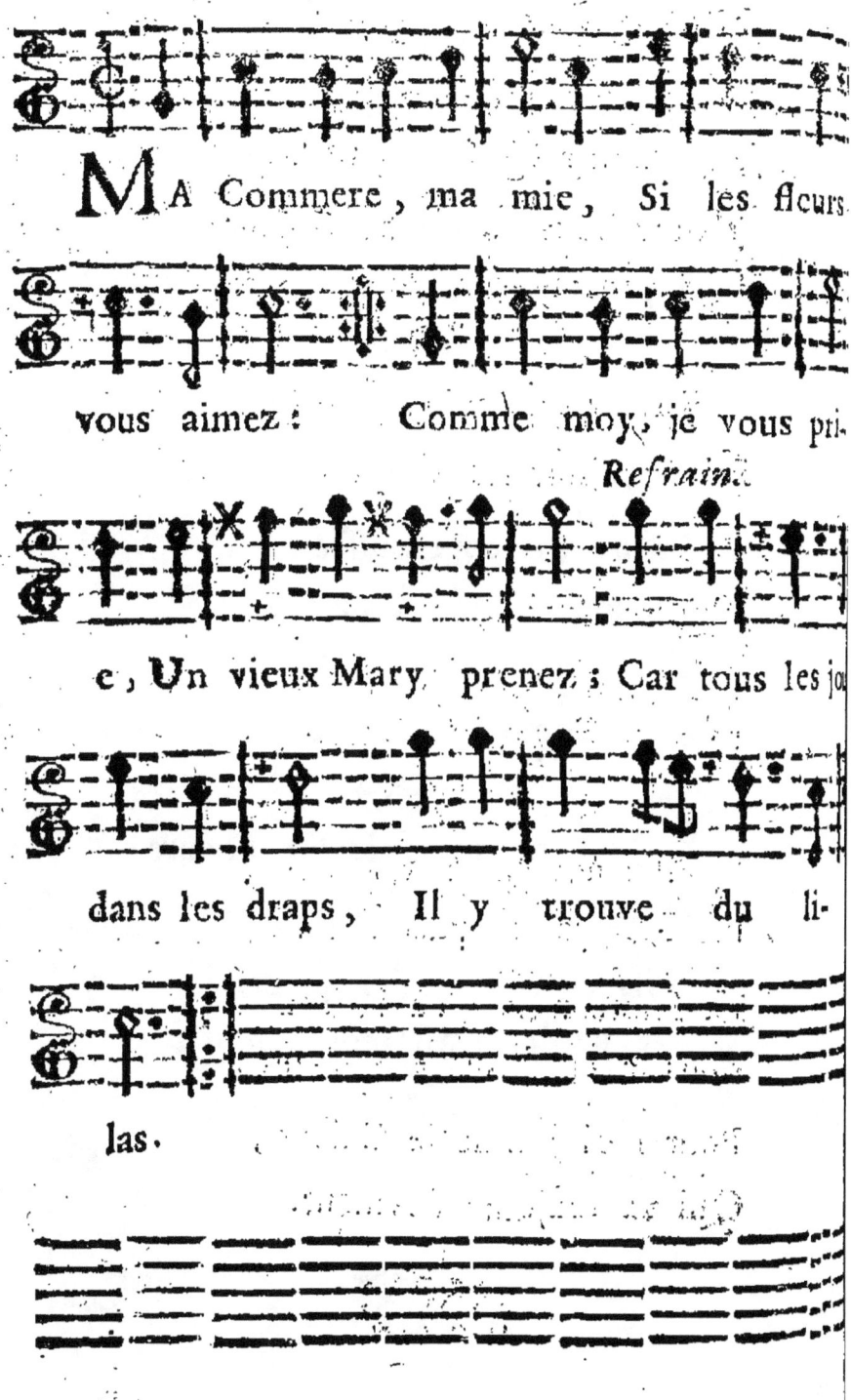

CHANSONS A DANSER.

Quand je fus mariée,
A mon pauvre Jobet :

Pour parer l'épousée,
Je n'eus point de bouquet ;

Mais je jure dans les draps,
Il y trouva du lilas.

Dès que je fus couchée,
Ce Jobet se leva :

Je luy dis courroussée,
Dis-moi donc où tu vas ;

Il me dit que dans les draps,
Il y trouvoit du lilas.

Je m'en plaignis sur l'heure,
A tous mes bons Parents :

S'ils en rirent, j'en pleure,
De perdre ainsi mon temps,

Et de trouver dans les draps,
Tant de bottes de lilas.

LES RONDES,

Cinquante-uniéme Air.

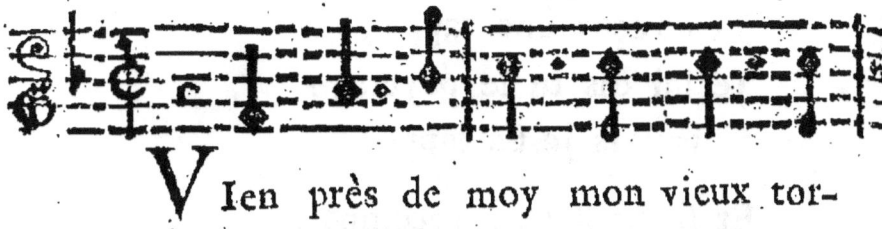

VIen près de moy mon vieux tor-

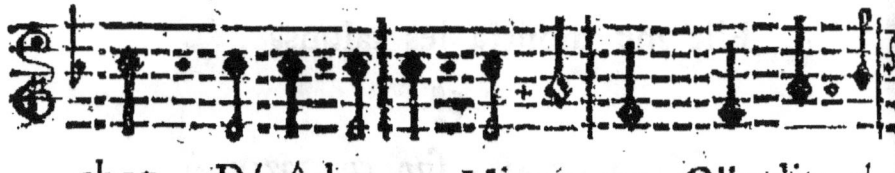

chon, Dépêche ma Migno- ne, Oüy dit- el-

le vraimant Samon, Tu me crois donc bien

Refrain.

bonne: Mais pourtant puisque tu le

veux, Je vais moucher ton nez morveux.

CHANSONS A DANSER.

Pour se dégager de mes bras,
J'en reçûs une tappe,
Je lui dis tu le payeras,
Si jamais je t'atrappe:

Et se baissant à reculons,
Elle me montra les talons.

❋

Un jour assis sur ce gazon,
Que j'eus bien ma revanche;
Car elle dit un gros juron,
Le poing dessus la hanche:

Mais voyez un peu ce gros laid,
Qui m'a gâté tout mon colet.

❋

Filles qui faites des refus,
Apprenez cette histoire,
Défendez-vous donc tant & plus,
Si vous voulez me croire:

Quand on excite les desirs,
On a toûjours plus de plaisirs.

LES RONDES,

Cinquante-deuxiéme Air.

Par un Lundy matin, M'en allant au Moulin, En mon chemin trouvay Le *Refrain.* valet du Meunier, Voyez, ah venez-y toutes Mes belles jeunes Filles, moudre A nôtre Moulin.

CHANSONS A DANSER. 105

En mon chemin trouvay le valet du Meunier,
Oh Meunier, beau Meunier, veux-tu moudre mon bled?
Voyez, &c.

❁

Oh Meunier, beau Meunier, veux-tu moudre mon bled?
Oüy-dà, ce me dit-il, vôtre sac j'empliray;
Voyez, &c.

❁

Oüy-dà, ce me dit-il, vôtre sac j'empliray,
Je m'endormis par terre, & quand me reveillay;
Voyez, &c.

❁

Je m'endormis par terre, & quand me reveillay,
Je vis dans la tremuy tout mon grain engrené;
Voyez, &c.

❁

Je vis dans la tremuy tout mon grain engrené,
Je m'en trouve si bien que j'y retourneray,
Voyez, &c.

❁

Je m'en trouve si bien que j'y retourneray,
Ma mere en est jalouse, & veut aller blutter;
Voyez, &c.

❁

LES RONDES,

Cinquante-troisième Air.

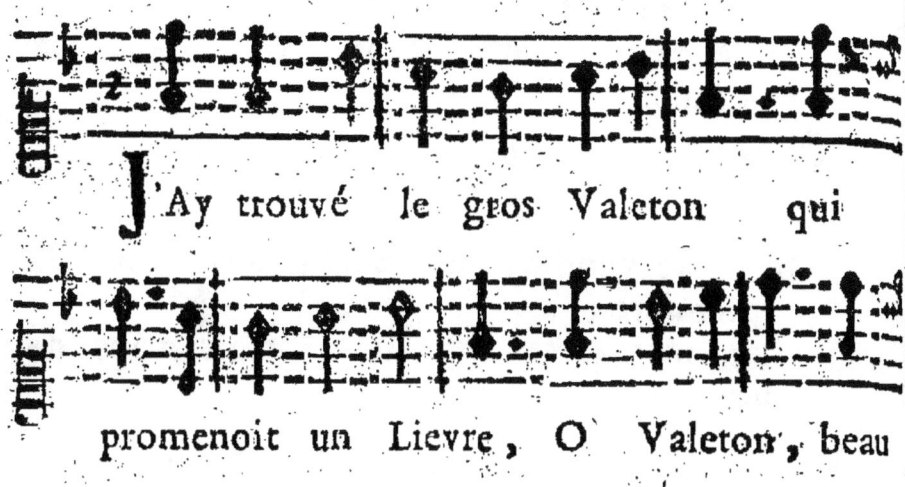

J'Ay trouvé le gros Valeton qui promenoit un Lievre, O Valeton, beau Valeton, combien vends-tu ton Lievre?

Refrain.

La, la, la, tu le sçay, tu le sçay Bergere.

CHANSONS A DANSER.

O Valeton, beau Valeton, combien vends-tu ton Lievre?
Je te le vendray cent écus, ton amour la premiere:
La, la, la, tu le sçay, tu le sçay Bergere.

❧

Je te le vendray cent écus, ton amour la premiere,
Je l'ay pris & je l'ay lié à trois brins de fougere;
La, la, la, tu le sçay, tu le sçay Bergere.

❧

Je l'ay pris & je l'ay lié à trois brins de fougere,
Mais la fougere se rompit, au bois s'en va mon Lievre;
La, la, la, tu le sçay, tu le sçay Bergere.

❧

Mais la fougere se rompit, au bois s'en va mon Lievre,
Helas! que faire désormais, & que dira ma Mere?
La, la, la, tu le sçay, tu le sçay Bergere.

❧

Helas! que faire désormais, & que dira ma Mere?
Aujourd'huy j'ay perdu mon cœur, mon argent & mon Lievre;
La, la, la, tu le sçay, tu le sçay Bergere.

❧

LES RONDES,

Cinquante-quatriéme Air.

MOn chemin cheminois, mon chemin vers Theval, En mon chemin remon-te une Dame à cheval; *Refrain.* Courage, cou-rage, nous ne sommes pas mal.

Sur le bord d'un ruisseau la Belle s'arrêta,
Et me voyant près d'elle, aussi-tôt me chanta,
Courage, courage, Berger, que fais-tu-là.

CHANSONS A DANSER,

Je rêvois que l'Amour peut seul nous rendre heureux,
Quand j'ai vû de sa flâme étinceller vos yeux;
Courage, courage, nous ne sommes que deux.

J'avois bien resolu de fuir un tendre Amant,
Mais quand il est fidelle, à la fin on se rend;
Courage, courage, voicy le bon moment.

Je la pris par la main, la menay dans le bois,
Où sous le verd feüillage elle me dit quelquefois;
Courage, courage, d'amour suivons les loix.

LES RONDES.

Cinquante-cinquiéme Air.

Nôtre Valet dans la vigne, Charge son cou d'échallas, Nôtre Fille qui le guigne, *Refrain.* Lui porte un potage gras; Le temps se barboüille, boüille, Le temps se barboüille, boüillera.

Tien Jean, mange ton potage,
Car il se refroidira,
Et ç'eust été grand dommage,
Si je t'eusse laissé-là;

Le temps se barboüille, boüille,
Le temps se barboüille, boüillera.

Quand Jean eut fait la dinette,
Le drôle se réveilla,
Di-moi lui dit la Fillette,
Quel est ce langage-là?

Le temps se barboüille, boüille,
Le temps se barboüille, boüillera.

C'est un discours d'Allemande,
Qu'on apprend par cy, par-là;
Aussi-tôt qu'elle fut grande
Vôtre Maman le parla;

Le temps se barboüille, boüille,
Le temps se barboüille, boüillera.

Si vous souhaitez la Belle,
Bien-tôt on vous l'apprendra;
C'est celuy que l'on appelle,
Cache, cache-mi-toula;

Le temps se barboüille, boüille,
Le temps se barboüille, boüillera.

112　LES RONDES,

Cinquante-sixiéme Air.

Colin tout brûlant d'amour, Colin tout brûlant d'amour: Dit à Margot l'autre jour, Petite Mignone, J'ay mon beau Perroquet Qu'il faut que je te donne.

CHANSONS A DANSER:

Colin tu n'es qu'un folet : *bis.*

Je craindrois trop son caquet,
Car c'est bien le pire,
S'il étoit indiscret,
Et qu'il allât tout dire.

※

Si tu veux nous le menerons : *bis.*

Coucher ce soir à tâtons,
Dedans ta chambrette,
Tu seras tout de bon,
Demain plus guillerette.

※

Méchant, que me dites-vous ? *bis.*

Il est vray qu'il est fort doux,
Mais je dois le craindre ;
Car s'il entroit chez nous,
Je serois trop à plaindre.

LES RONDES,
Cinquante-septiéme Air.

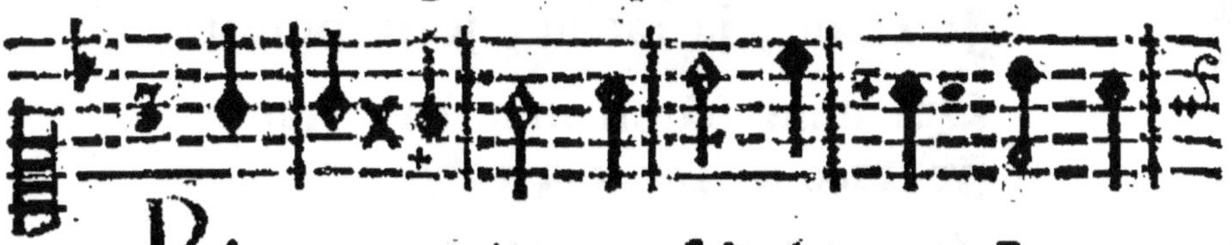

PAr un matin me suis levay, Je racou, je racou, je racourciray : Dedans nôtre jardin j'entray, Je racourciray
Refrain.
ma robe; Je te racou, te racourciray, Tu me fais trop de peine à trousser. 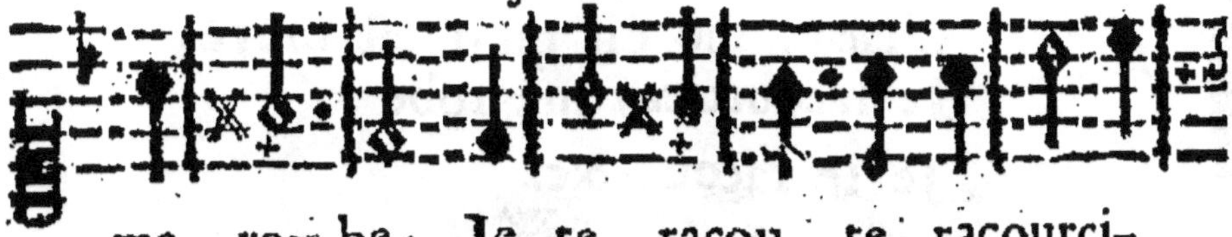

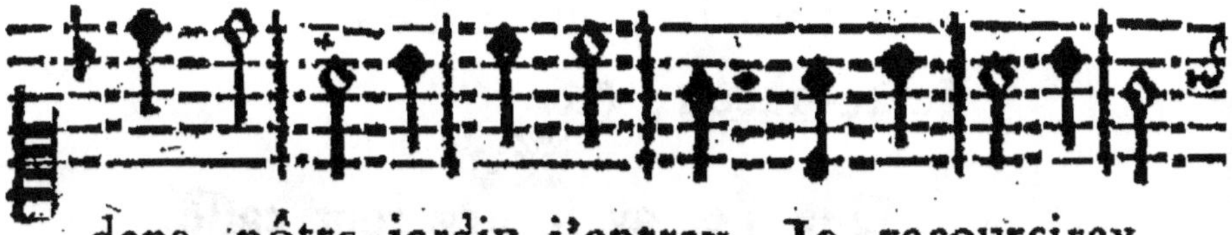

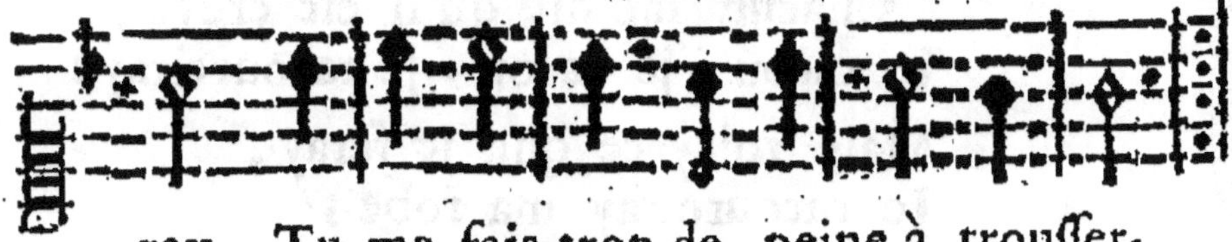

Dedans nôtre jardin j'entray,
Je racou, je racou, je racourciray :
Un verd galand je rencontray,
Je racourciray ma robe ;
Je te racou, te racourciray,
Tu me fais trop de peine à trousser.

CHANSONS A DANSER.

Un verd galand je rencontray,
Je racou, je racou, je racourciray :
Qui d'un bâton m'a tant frappé,
Je racourciray ma robe ;
Je te racou, te racourciray,
Tu me fais trop de peine à trousser.

✻

Qui d'un bâton m'a tant frappé,
Je racou, je racou, je racourciray :
Que j'en ay le nez tout cassé,
Je racourciray ma robe ;
Je te racou, &c.

✻

Que j'en ay le nez tout cassé,
Je racou, je racou, je racourciray :
Chacun me dit qu'il est crevé,
Je racourciray ma robe ;
Je te racou, &c.

✻

Chacun me dit qu'il est crevé,
Je racou, je racou, je racourciray :
Mais voicy ce que je feray,
Je racourciray ma robe ;
Je te racou, &c.

✻

Mais voicy ce que je feray,
Je racou, je racou, je racourciray :
Le Galand payera le Barbier,
Je racourciray ma robe ;
Je te racou, &c.

✻

116 LES RONDES,

Cinquante-huitième Air.

IL s'est fait une grand' fête Tout au tour de la maison, Les femm' y sont en chemise, Et les homm' en caleçon,

Refrain.

En caleçon tur-lu-rett', en caleçon turlu-ron.

Les femm' y sont en chemise,
Et les homm' en caleçon,
Chacun y danse à sa guise,
Et tous de bonne façon;

Bonne façon, turlurett' en caleçon turluron.

Chacun y danse à sa guise,
Et tous de bonne façon,
Lorsque Margot l'eut apprise,
Elle dit, voilà qu'est bon;

Voilà qu'est bon, turlurett' en caleçon turluron.

Cinquante-neuviéme Air.

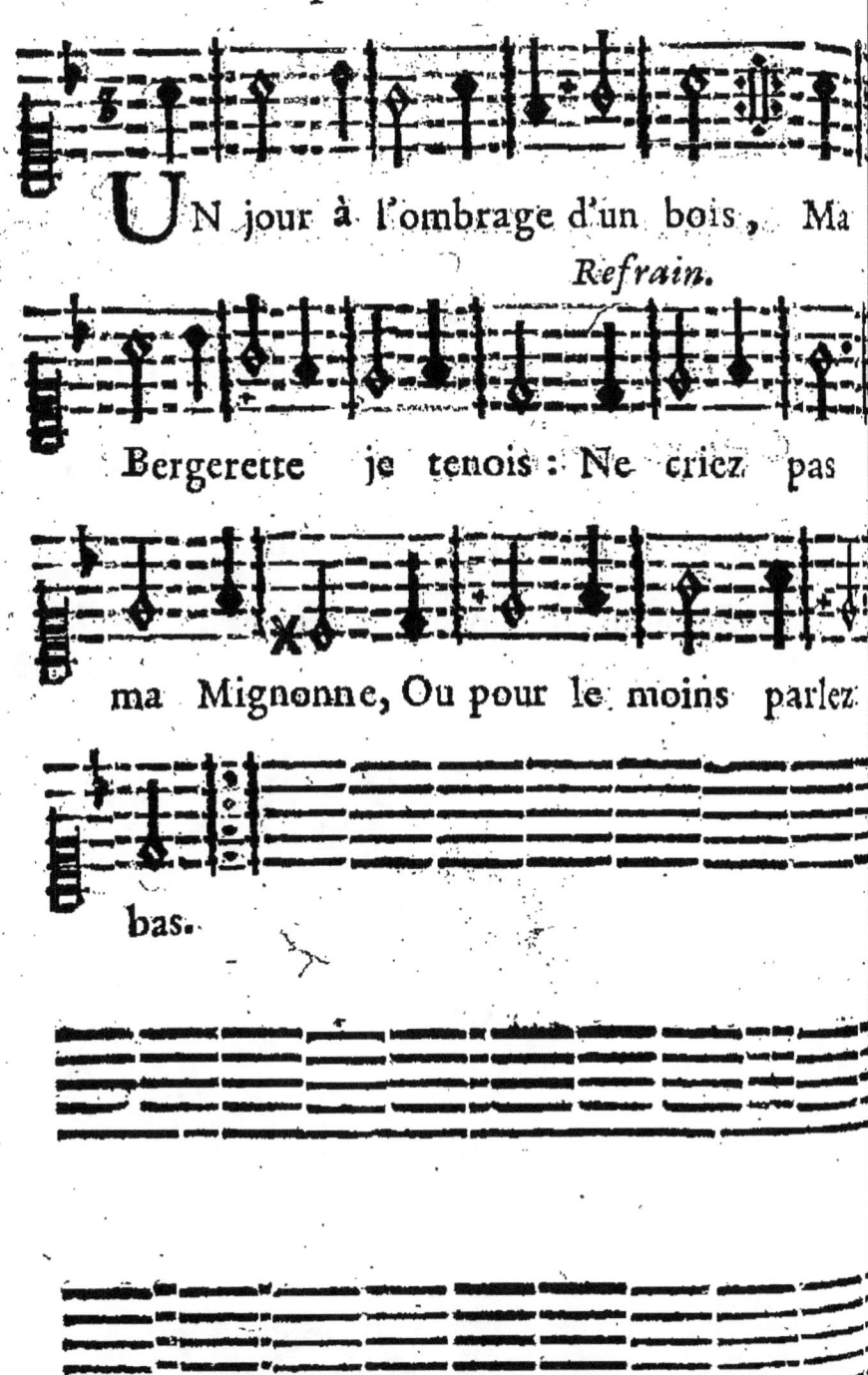

UN jour à l'ombrage d'un bois, Ma
Bergerette je tenois : Ne criez pas
ma Mignonne, Ou pour le moins parlez
bas.

Refrain.

CHANSONS A DANSER.

Je vois les loups à mes moutons : *bis.*

Et un Berger sur vos talons ;

Ne criez pas ma Mignonne,

Ou pour le moins parlez bas.

※

Ah méchant que me dites-vous ? *bis.*

C'est un mal pour un bien plus doux ;

Ne criez pas ma Mignonne,

Ou pour le moins parlez bas.

LES RONDES,
Soixantiéme Air.

PErrette étant dessus l'herbette, Guillot toucha sa colerette: Il vit un petit ruban noir; Je te prie aimable Perrette, Un moment laisse-moy le voir.

CHANSONS A DANSER.

Si tu l'avois vû, que je meure,
Tu le voudrois prendre sur l'heure?

Non ma foy, je te le promets;
Elle cacha sa colerette,
Tu ne le verras donc jamais.

❖

Guillot reconnoissant sa faute,
S'écria d'une voix forte haute :

Mignonne, je te le diray,
Elle laissa sa colerette,
Pour cela je le montreray.

LES RONDES,

Soixante-uniéme Air.

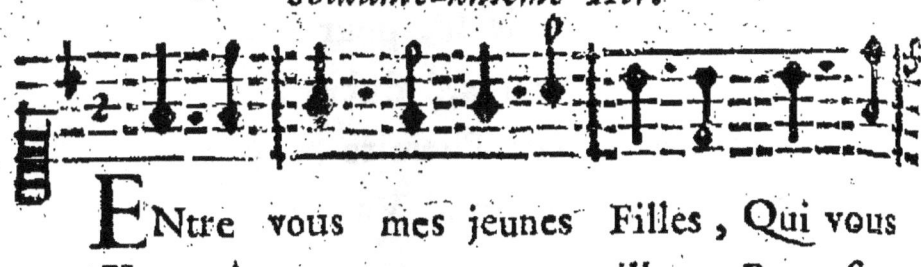

ENtre vous mes jeunes Filles, Qui vous
Vous ê- tes par trop gentilles, Pour feu-

allez promener : Prenez quelqu'un de ces
lettes y aller :

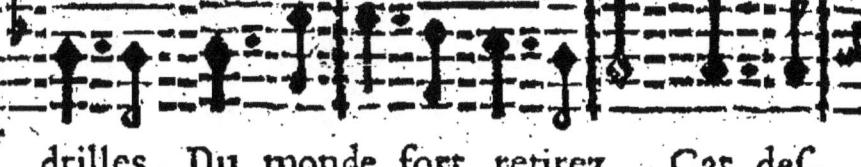

drilles, Du monde fort retirez, Car des-

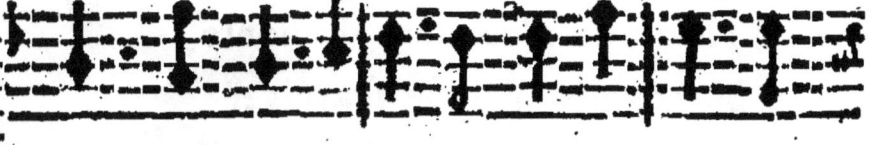

sous leurs fouguenilles, On trouve de

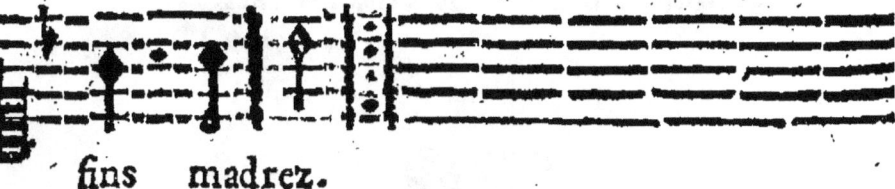

fins madrez.

L'autre jour je fus pour rire,
Voir nôtre Vieillard discret;
Il me dit, belle Themire,
Avez-vous un grand Valet:

Jamais je n'eus tant de honte,
Je croyois qu'il le sçavoit;
Mais enfin au bout du compte,
Comme nous, tout chacun fait.

Lorsque vous gardez vos vaches,
N'y mene-t-il pas ses bœufs?
Ne prenez-vous point à tâche
De vous absenter tous deux?

Jamais je n'eus tant de honte,
Je croyois qu'il le sçavoit;
Mais enfin au bout du compte,
Comme nous, tout chacun fait.

LES RONDES,

Soixante-deuxième Air.

Hélas ! mariez-moy, ne suis-je pas en âge : J'ay bien quinze ans passez, quel-

Refrain.

que peu davantage : O gay l'on lanla, latourlour, lou-rira, lon lanla tourloure.

CHANSONS A DANSER.

J'ay bien quinze ans passez, quelque peu davantage :
Si l'on ne me marie, ah je feray ravage :
O gay, &c.

❈

Si l'on ne me marie, ah je feray ravage :
Je laisseray aller les bœufs parmy les vaches :
O gay, &c.

❈

Je laisseray aller les bœufs parmy les vaches :
Je gateray le beurre, & aussi le laitage :
O gay, &c.

❈

Je gateray le beure, & aussi le laitage :
Je laisseray aller là, le chat au fromage :
O gay, &c.

126 LES RONDES,

Soixante-troisiéme Air.

QUand ma mer' étoit jeunette, Ell' n'ai-moit qu'à rire, Et moy qui suis sa fil-lette, Je n'ose rien dire: Un Galand a gagné mon cœur, Et moy j'ay connu

Refrain.

son humeur; J'en fray la foli' sans doute, j'en fray la foli- e.

Les belles de ce Village
En sont amoureuses ;
Même celles du bas âge,
En sont desireuses :

Il est si beau si complaisant,
Je l'aime tant ; si je ne l'ay,
J'en fray la foli' sans doute, j'en fray la
folie.

Soixante-quatrième Air.

J'Entray l'autre jour en danse, j'ay acquis un Serviteur: Il est beau de bonne mine, je luy ay donné mon cœur:
Refrain.
Ah! que ma Marotte est belle, ah! que j'en suis amoureux!

CHANSONS A DANSER.

Il est beau, de bonne mine, je lui ay donné mon cœur :

Mon Per' ne veut que je l'aye, il m'en veut donner un vieux :

Ah ! que ma Marotte est belle, ah ! que j'en suis amoureux !

Mon Per' ne veut que je l'aye, il m'en veut donner un vieux :

Je sçais bien une finesse pour les contenter tous deux :

Ah ! que ma Marotte est belle, ah ! que j'en suis amoureux !

Je sçais bien une finesse pour les contenter tous deux :

Je donrai mon cœur au jeune, ferai bonne mine au vieux :

Ah ! que ma Marotte est belle, ah ! que j'en suis amoureux !

LES RONDES,
Soixante-cinquiéme Air.

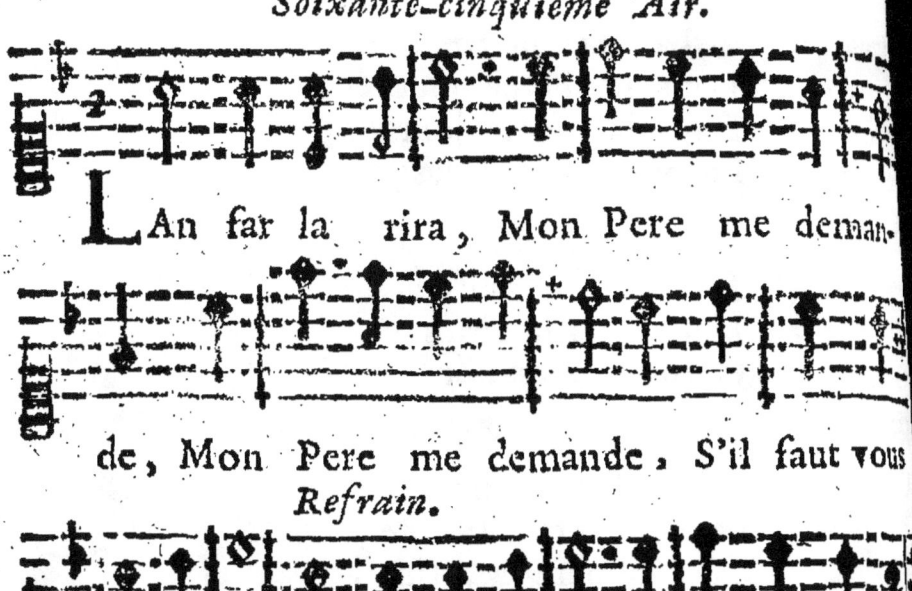

Lan far la rira, Mon Pere me demande, Mon Pere me demande, S'il faut vous *Refrain.* marier; Lan far la rira, Etes-vous assez grande? Lan la far la rira, Etes-vous assez grande?

    Lan far la rira,
Je suis par trop jeunette,
Je suis par trop jeunette,
Je craindrois d'en mourir:

Lan far la rira,
Je veux rester fillette,
Lan la far la rira,
Je veux rester fillette.

Lan far la rira,
Dans la même journée,
Dans la même journée,
En voyant Nicolas ;

Lan far la rira,
Je me suis ravisée,
Lan la far la rira,
Je me suis ravisée.

❦

Lan far la rira,
La commere Martine,
La commere Martine,
Vint voir dès le matin ;

Lan far la rira,
Si j'avois bonne mine,
Lan la far la rira.
Si j'avois bonne mine.

❦

Lan far la rira,
Je lui chantai ma Mie,
Je lui chantai ma Mie,
Je craignois le trépas ;

Lan far la rira,
Mais c'est une folie,
Lan la far la rira,
Mais c'est une folie.

❦

LES RONDES,

Soixante-sixiéme Air.

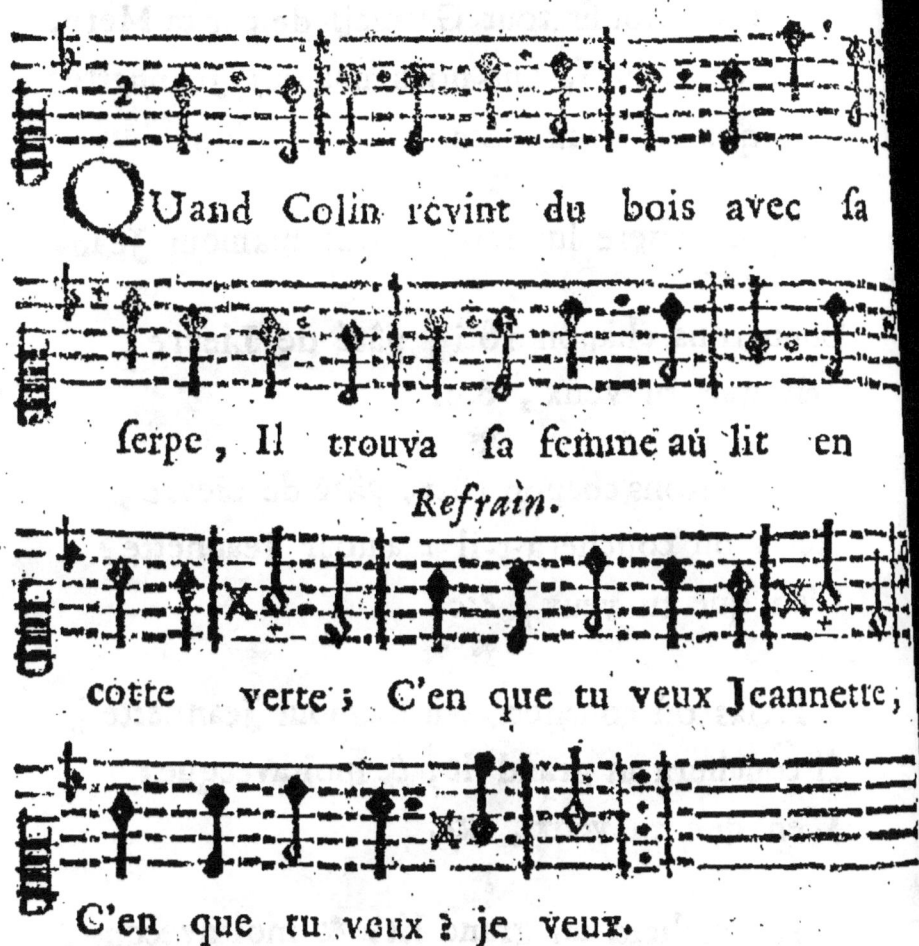

Quand Colin revint du bois avec sa serpe, Il trouva sa femme au lit en

Refrain.

cotte verte ; C'en que tu veux Jeannette, c'en que tu veux ? je veux.

Il trouva sa femme au lit en cotte verte,
Et que Diable donc est ceci mamour Jeannette;
C'en que tu veux Jeannette, c'en que tu veux ?
je veux.

Et que Diable donc est ceci mamour Jeannette ?
C'est ton Cousin tout Germain de par ta Mere,
C'en que tu veux, &c.

CHANSONS A DANSER.

C'eſt ton Couſin tout Germain de par ta Mere,
Qu'en chere lui ferons-nous mamour Jeannette?
C'en que tu veux, &c.

Qu'en chere lui ferons-nous mamour Jeannette?
Donnerons chapon rôti, pâté de Lievre;
C'en que tu veux, &c.

Donnerons chapon rôti, pâté de Lievre,
Helas où couchera-t-il mamour Jeannette?
C'en que tu veux, &c.

Helas où couchera-t-il mamour Jeannette,
Il couchera au grand lit, & moi avecque;
C'en que tu veux, &c.

Il couchera au grand lit, & moi avecque,
Et moi où coucherai-je mamour Jeannette?
C'en que tu veux, &c.

Et moi où coucherai-je Mamour Jeannette?
Tu coucheras à l'étable avec les Chevres,
C'en que tu veux, &c.

LES RONDES,

Soixante-septiéme Air.

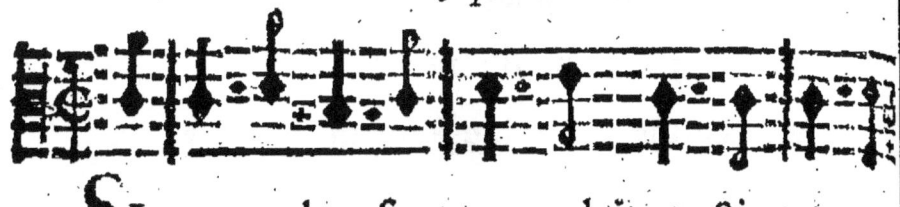

SI toutes les femmes vouloïent, Si toutes

les femmes vouloient, Battus tous les Ma-
Refrain.

ris seroient; Et vous comme les autres, Un

battu mene l'autre, Et toûjours sont en

peine, Un battu l'autre mene.

CHANSONS A DANSER.

Je n'ai pas peur d'être battu,
Je n'ai pas peur d'être battu,
Ma femme est laide, qu'en dis-tu?
Elle fait peur aux autres,
Un battu mene l'autre,
Et toûjours sont en peine,
Un battu l'autre mene.

LES RONDES,

Soixante-huitième.

A Paris sur le petit Pont, Sur le bord d'une Fontaine, Mon Pere a fait bâtir maison, Tuton, tuton, tutaine;
Refrain.
Levez Belle, vôtre cottillon, Il est si long qu'il traîne.

  Mon Pere a fait bâtir maison,
Sur le bord d'une Fontaine,
Et les Charpentiers qui la font,
Tuton, tuton, tutaine;
Levez Belle, vôtre cottillon,
Il est si long qu'il traîne.

CHANSONS A DANSER.

Et les Charpentiers qui la font,
Sur le bord d'une Fontaine,
Ils m'ont tous demandé mon nom,
Tuton, tuton, tutaine;

Levez Belle, vôtre cottillon,
Il est si long qu'il traîne.

∞

Ils m'ont tous demandé mon nom,
Sur le bord d'une Fontaine,
Margueritte c'est mon nom,
Tuton, tuton, tutaine;

Levez Belle, &c.

∞

Margueritte c'est mon vrai nom,
Sur le bord d'une Fontaine,
Que portes-tu dans ton giron,
Tuton, tuton, tutaine;

Levez Belle, &c.

∞

Que portes-tu dans ton giron,
Sur le bord d'une Fontaine,
C'est un pâté de trois Pigeons,
Tuton, tuton, tutaine;

Levez Belle, &c.

∞

C'est un pâté de trois Pigeons,
Sur le bord d'une Fontaine,
Assi-toi, nous le mangerons,
Tuton, tuton, tutaine;

Levez Belle, &c.

∞

Tome I.

LES RONDES,

Soixante-neuviéme Air.

Michault en faisant l'amour A nôtre
La rencontra l'autre jour, Sur la ver-

Boulange- re, Boulangere dit Mi-
te fouge- re:

chault l'ayant ainsi trouvée, Di-moy

si ton pain est chaud, Et ta pâte le-

vé- e.

Ah! l'impertinent discours,
Dit la Belle en colere,
Oüy mon levain est toûjours
En état de bien faire :

J'ai ma pêle & mon fourgon,
J'allume ma bourée,
Et puis Michault nous voyons,
Si la pâte est levée.

Pren bien garde gros vilain,
Que quelqu'un ne détourne,
Ou n'emporte quelque pain :
Avant que je l'enfourne :

Tu peux dire assurement,
Ah ! l'heureuse journée,
Puisque tu vois hardiment
De mon pain la fournée.

Soixante-dixiéme Air.

CE sont les Nave-tieres de saint Germain des Prez: Qui s'en vont à la foire, *Refrain.* des Navets acheter; Gay, gay, gay, la rira dondaine, Gay, gay, gay, la rira dondé.

CHANSONS A DANSER.

Qui s'en vont à la foire des Navets acheter:
Un matin dessous l'orme on les vit reposer;
Gay, gay, gay, la rira dondaine,
Gay, gay, gay, la rira dondé.

Un matin dessous l'orme on les vit reposer;
A l'instant il y passe un Etallier Boucher;
Gay, gay, gay, la rira dondaine,
Gay, gay, gay, la rira dondé.

A l'instant il y passe un Etallier Boucher;
Il a pris la plus jeune qui se laissa tomber;
Gay, gay, gay, la rira dondaine,
Gay, gay, gay, la rira dondé.

Il a pris la plus jeune qui se laissa tomber;
Elle dit, je vous prie qu'il n'en soit point parlé;
Gay, gay, gay, la rira dondaine,
Gay, gay, gay, la rira dondé.

Elle dit, je vous prie qu'il n'en soit point parlé,
Et bien si l'on n'en parle, il en sera chanté;
Gay, gay, gay, la rira dondaine,
Gay, gay, gay, la rira dondé.

Et bien si l'on n'en parle, il en sera chanté;
Aux quatre coins des ruës, & dans chaque marché;
Gay, gay, gay, la rira dondaine,
Gay, gay, gay, la rira dondé.

LES RONDES,

Soixante-onziéme Air.

DIeux! que ces femmes sont sottes D'obé-

Refrain.

ir à leurs Maris; J'en ay un comme les

autres, Jean voire, Je le fais bien obé-

ir, ô Jean oüy.

J'en ay un comme les autres,
Je le fais bien obéïr;

Quand je vais dessous l'ombrage, Jean voire
Il fait nôtre pot boüillir, ô Jean oüy.

CHANSONS A DANSER.

S'il laisse en aller la graisse,
Il a bien du souvenir ;

De la cullier sur la tête, Jean voire,
L'allée & le revenir, ô Jean oüy.

Mettant un genouil en terre,
Ma Femme, helas ! crie mercy ;

Quand je vais faire visite, Jean voire,
Il me vient bien requerir, ô Jean oüy.

Vraiment ce dit ma Commere,
Vous avez un bon Mary ;

Si j'avois du vin au verre, Jean voire,
Il en boiroit un petit, ô Jean oüy.

Je vous rends graces Commere,
Bon pour l'eau de nôtre puy ;

J'ai du vin à nôtre cave, Jean voire,
Mais ce ne sera pas pour luy, ô Jean oüy.

LES RONDES,

Soixante-douziéme Air.

Mon chemin m'achemi- nois, Mon che-
IIᵐᵉ. C. La Fil- lette que c'étoit, On l'ap-
min vers la Lorraine: Mon chemin je
pelloit Made- laine: Je la pris, je
rencontray, Ma belle diguedy, ma belle digue-
l'embrassay,
don; La fille d'un Capi- taine, Belle diguedy, diguedon, dondaine, Belle diguedy, diguedon, dondon.

CHANSONS A DANSER.

En mon chemin rencontrai,
La fille d'un Capitaine :
Je la pris je l'embraſſai,
Ma belle diguedy, ma belle diguedon ;
Auprès d'un beau champ d'avoine,
Belle diguedy, &c.

*

Je la pris je l'embraſſai,
Auprès d'un beau champ d'avoine :
Auprès de nous j'aviſai,
Ma belle diguedy, ma belle diguedon ;
Une petite Fontaine,
Belle diguedy, &c.

*

Auprès de nous j'aviſai,
Une petite Fontaine :
Et d'un Agneau nouveau né,
Ma belle diguedy, ma belle diguedon ;
La toiſon avec la laine,
Belle diguedy, &c.

*

Et d'un Agneau nouveau né,
La toiſon avec la laine :
Bien ſix coups j'en avallai,
Ma belle diguedy, ma belle diguedon ;
Sans reprendre mon haleine,
Belle diguedy, &c.

*

Bien ſix coups j'en avallai,
Sans reprendre mon haleine :
Depuis j'ai ſouvent ſongé,
Ma belle diguedy, ma belle diguedon ;
A cette aimable Fontaine,
Belle diguedy, &c.

Tome I.

LES RONDES,

Soixante-treiziéme Air.

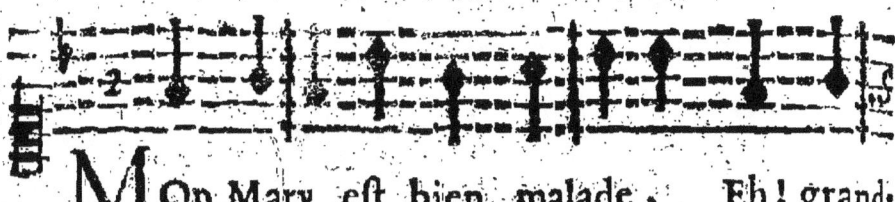
MOn Mary est bien malade, Eh! grands

Dieux, que lui faut-il? Il m'envoi querir du

Refrain.

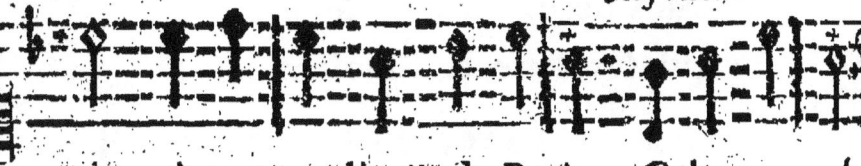
vin, A quatre lieuës de Paris; Cela me ré,

ré, ré, ré, cela me réjoü- it.

Il m'envoi querir du vin,
A quatre lieuës de Paris:

Quand je fus sur ces montagnes,
J'entendis sonner pour lui;

Cela me ré, ré, ré, ré, cela me réjoüit.

CHANSONS A DANSER.

Quand je fus sur ces montagnes,
J'entendis sonner pour lui :
Quand je fus à la maison,
Je le trouve ensevely ;

Cela me ré, ré, ré, ré, cela me réjoüit.

Quand je fus à la maison,
Je le trouve ensevely :
Dans quinze aulnes de ma toille,
Où ses Parents l'avoient mis ;

Cela me ré, ré, ré, ré, cela me réjoüit.

Dans quinze aulnes de ma toille,
Où ses Parents l'avoient mis :
J'y ay pris mes grands ciseaux,
Point à point le décousi ;

Cela me ré, ré, ré, ré, cela me réjoüit.

J'y ay pris mes grands ciseaux,
Point à point le décousi :
J'ay donné la toille aux Pauvres,
Et j'ay quitté le Mari ;

Cela me ré, ré, ré, ré, cela me rejoüit.

LES RONDES,

Soixante-quatorziéme Air.

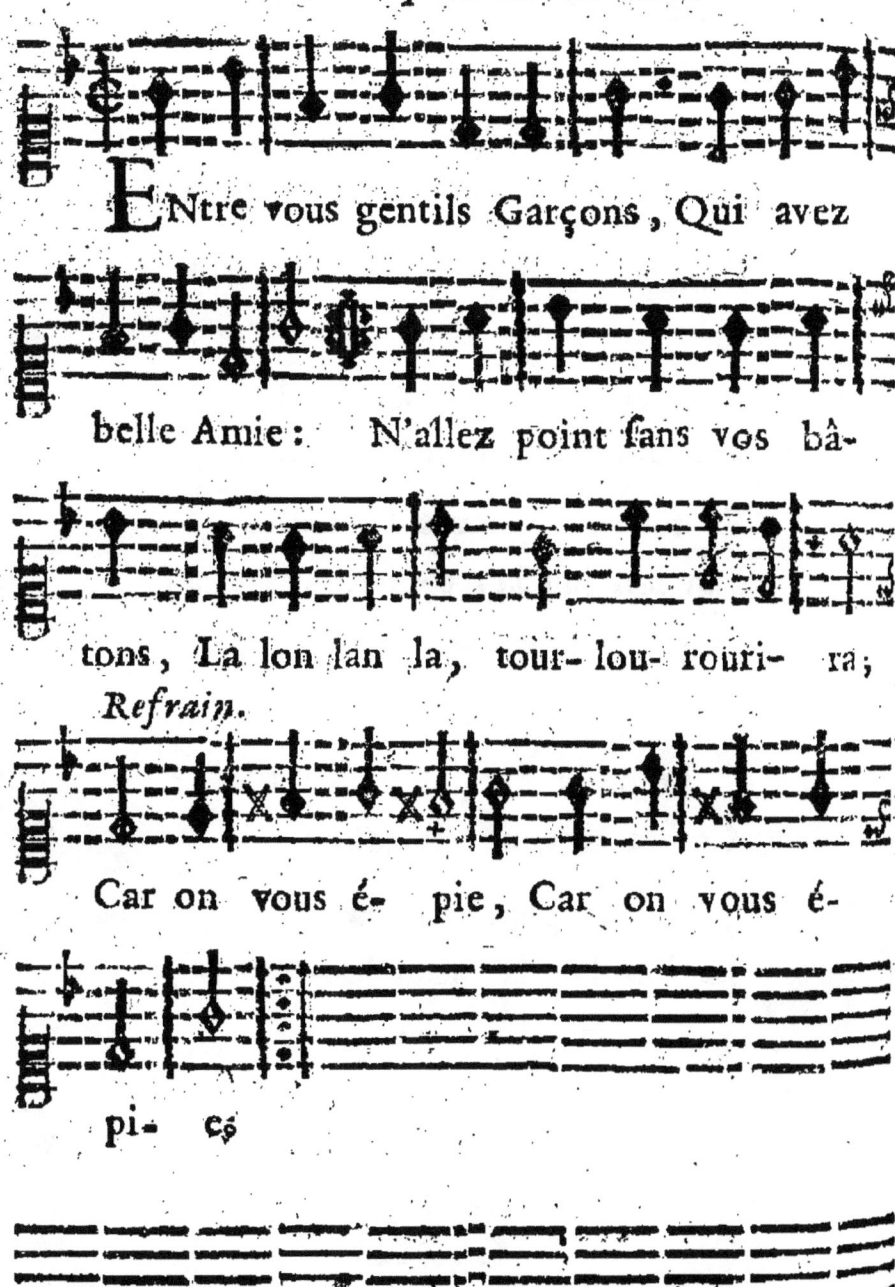

ENtre vous gentils Garçons, Qui avez belle Amie : N'allez point sans vos bâtons, La lon lan la, tour-lou-rouri-ra;
Refrain.
Car on vous é-pie, Car on vous é-pi-cs

CHANSONS A DANSER.

Le Galand n'y faillit pas,
Et porta son épée :
Quand il fut dessus le pont,
La lon lan la, tour-lou-rourira,
Demanda, qui vive ?   *bis.*

Vive Paris, & Roüen,
Ce sont deux bonnes Villes :
Et tous ces gentils Galands,
Lan lon lan la, tour-lou-rourira,
Qui ont belle Amie.   *bis.*

Je ne le dis pas pour moi,
Car la mienne est jolie :
Je le dis pour Nicolas,
La lon lan la, tour-lou-rourira,
Qu'est de cette Ville.   *bis.*

CHANSONS A DANSER.

Jean revient à la maison,
Qu'est tout en colere,
Pourquoy donc changer mon nom,
Sur mon Baptistere?

Je m'appellois Jacques avant,
Maintenant me voilà Jean,
Il n' faut pas tout dire;

Il n' faut pas tout dire à Jean,
Il n' faut pas tout dire.

❁

Comment Jean, vous vous fachez?
Vous devez vous taire;
Car si je vous ay fait Jean,
Je l'ai bien dû faire :

Vous me manquez si souvent,
Qu'il vous falloit faire Jean,
Il n' faut pas tout dire;

Il n' faut pas tout dire à Jean,
Il n' faut pas tout dire.

❁

LES RONDES,
Soixante-seiziéme Air.

L'Espoir est hors de saison, L'on va marier Gillette: Helas! que je te regrette, S'il faut que ce Jean Loy-

Refrain.

son, Empêche nos petits jeux, Où l'on ne jouë que deux.

CHANSONS A DANSER.

Ma Gillette, mon trognon,
Mon Amour, ma Folichonne:

S'il faut que tu m'abandonne,
Que deviendra ton Mignon?

Tu veux donc finir nos jeux,
Où l'on ne jouë que deux?

♣

N'aurai-je plus le pouvoir
De te mener au boccage?

Ces prez & ce verd feüillage,
Ne pourrons-nous plus les voir?

Quoi, tu veux finir les jeux,
Où l'on ne jouë que deux?

♣

Ne viendras-tu plus le soir,
Doucement m'ouvrir la porte?

Quoi! tout cela ne t'importe?
Tu me mets au desespoir,

Si tu veux finir les jeux,
Où l'on ne jouë que deux.

♣

Gillette écoûtant Martin,
Ayant pitié de sa peine:

Lui dit, vien à la Fontaine,
Demain au plus grand matin:

Nous joüerons des petits jeux,
Où l'on ne jouë que deux.

LES RONDES,

Soixante-dix-septiéme Air.

UN jour gardant mon troupeau, Un jour gardant mon troupeau; La Bergere la plus belle, Qui fut jamais en ces lieux;
Refrain.
Mais elle est trop cruelle, Pour me rendre amoureux.

CHANSONS A DANSER.

Tous les œillets & les lis,
Auprès d'elle font ternis :

Et sa grace naturelle,
Surpasse celle des fleurs ;

Mais elle est trop cruelle,
Pour me rendre amoureux.

Tous les Bergers de ces bois,
Sont rangez dessous ses loix :

Moy seul, j'ay triomphé d'elle,
Et de l'éclat de ses yeux ;

Car elle trop cruelle,
Pour me rendre amoureux.

Elle pensoit me charmer,
Et me contraindre à l'aimer :

Mais mon cœur lui fut rebelle,
Et s'échappa de ses nœuds ;

Car elle est trop cruelle,
Pour me rendre amoureux.

LES RONDES,

Soixante-dix-huitiéme Air.

J'Entendois un jour Colas, J'entendois un jour Colas : Revenant du bois tout las, Di-

Refrain.

re à nôtre Bergere; Je t'aime mieux que Thomas, Ne veux-tu pas le croire?

CHANSONS A DANSER.

Quoique j'enrage de faim :   *bis.*

Je te donne de mon pain,
Et souvent de ma soupe;

Et tu monteras demain
Dessus mon Asne en croupe.

※

Je te prête mon coûteau :   *bis.*

Et s'il pleut de mon chapeau,
Je te couvre la tête;

Et quand j'aurai mon manteau,
Je couvrirai le reste.

※

Quand tu ne veux plus causer :   *bis.*

Afin de me reposer,
J'empêche que la mouche

Par un importun baiser,
Ne t'entre dans la bouche.

※

En quelque lieu que tu sois :   *bis.*

Margot, si je ne te vois,
Aussi-tôt je me pâme;

Hé bien, si tu ne m'aimois,
Serois-tu pas sans ame ?

LES RONDES,

Soixante-dix-neuviéme Air.

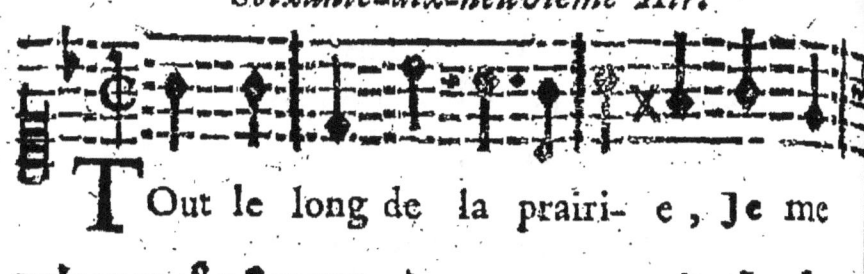

Tout le long de la prairi- e, Je me

promenois l'autre jour: Je fuyois la

Compagnie, Crainte de prendre de l'a-

Refrain.

mour; Bien souvent, helas! On fait ce qu'on

ne veut pas.

    Je fuyois la Compagnie,
Crainte de prendre de l'amour:
Colin avec industrie,
Pour m'aborder prit un détour;
Bien souvent, helas!
On fait ce qu'on ne veut pas.

CHANSONS A DANSER.

Colin avec induſtrie, &c.
De m'enfuïr j'avois envie,
Neanmoins je reſtay tout court;
Bien ſouvent, &c.

❖

De m'enfuïr j'avois envie, &c.
Il me vint en fantaiſie,
De voir s'il faiſoit bien ſa cour;
Bien ſouvent, &c.

❖

Il me vint en fantaiſie, &c.
Je lui diſois de ma vie,
Pour vous je n'auray de retour;
Bien ſouvent, &c.

❖

Je lui diſois de ma vie, &c.
Aimer ce n'eſt que folie,
Chantons, & rions tour à tour;
Bien ſouvent, &c.

❖

Aimer ce n'eſt que folie, &c.
Mais cependant je m'ennuye,
Quand je quitte ce beau ſéjour;
Bien ſouvent, &c.

❖

Mais cependant je m'ennuy, &c.
Dites-moy chere Silvie,
Ne ſerois-ce point de l'amour?
Bien ſouvent, &c.

❖

LES RONDES
Quatre-vingtiéme Air.

Apprenez-moy ma Sœur Fanchon, Ce que Lucas faisoit deſſus l'herbette: Deſſus vôtre manchon, J'apperçûs ſa main
Refrain.
indiſcrette; Mais ſans dire rien, Je m'en doute bien, Quoique je ſois jeunette.

Vous me diſiez tant l'autre jour,
Qu'à ſes Amants il faut être ſevere:
Et que le mal d'amour,
Feroit perir une Bergere;
Mais ſans dire rien,
Je me doute bien,
Que c'eſt tout le contraire.

Quand

CHANSONS A DANSER.

Quand vous êtes près de Lucas,
Vos yeux sont pleins de feux & d'allegresse :

Tous deux vous parlez bas,
Et voulez que seuls on vous laisse ;

Mais sans dire rien,
Je me doute bien,
Qu'elle est vôtre finesse.

Vous aviez un joli ruban,
Que je lui vois autour de sa Musette :

Et tout en badinant,
Vous avez changé de houlette,

Mais sans dire rien,
Je me doute bien
De tout ce que vous faites.

Vous me donnez force bonbons,
Toutes les fois qu'il vous dit, je vous aime

D'écouter ses raisons,
Vous prenez un plaisir extrême ;

Mais sans dire rien,
Je me doute bien,
Que je feray de même.

Quatre-vingt-uniéme Air.

SI mon Amy reste, comme il m'a promis, Garde-toy de dire que t'es mon Mary,

Refrain.

Badin, endure Jean; Laisse-moy faire un Amy. Gen, gen, gentil badin de Mary.

Garde-toy de dire que t'es mon Mary,
Tu prendras la pinte,
Tu iras au vin,
Badin, endure Jean;

Laisse-moy faire un Amy,
Gen, gen, gentil badin de Mary.

Tu prendras la pinte, tu iras au vin,
Tu partiras vîte,
Reviendras à loisir;
Badin, endure Jean,

Laisse-moy faire un Amy,
Gen, gen, gentil badin de Mary.

Tu partiras vîte, reviens à loisir,
Coucheras à terre,
Et non au grand lit,
Badin, endure Jean;

Laisse-moy faire un Amy,
Gen, gen, gentil badin de Mary.

LES RONDES,
Quatre-vingt-deuxième Air.

ON me veut donner un Cloître, Mais point

d'envi ne m'en prend: Ma Mere m'en

a parlé, Et plusieurs de mes Parents;
Refrain.

Point de Couvent je ne veux ma Mere,

Point de Couvent je ne veux Maman.

Ma Mere m'en a parlé,
Et plusieurs de mes Parents:

Mais je lui ay dit, ma Mere,
Attendez encor un an;

Point de Couvent je ne veux ma Mere,
Point de Couvent je ne veux Maman.

Mais je lui ay dit, ma Mere,
Attendez encor un an :

Je connois un Gentilhomme,
Qui est bien fait & galand;

Point de Couvent je ne veux ma Mere,
Point de Couvent je ne veux Maman.

Je connois un Gentilhomme,
Qui est bien fait & galand :

Il m'a juré sur l'herbette,
De m'aimer uniquement;

Point de Couvent je ne veux ma Mere,
Point de Couvent je ne veux Maman.

LES RONDES,

Quatre-vingt-troisiéme Air.

Que c'est un esprit capable, Que la fille à Maître Jean! Alle a un livre de Flable, Où al-le luit tout courant: Il n'y a point d'enfant de Chœur Qui lui-se pasmieux par cœur.

CHANSONS A DANSER.

Si vous entendiaiz son Pare,
Dire combien proprement
All' lui panse son cautere,
Vous la loücriaiz grandement :

Alle y fait tenir deux pois,
Avec un seul de ses doigts.

All' fait sa Bibibloteque
Dedans nôtre armoire au pain,
Sçait ce que c'est qu'hypoteque,
Dit son Pater en latin :

Et chante bien sur le luth,
La clef de G-ré sol ut.

LES RONDES,

Quatre-vingt-quatriéme Air.

Estes-vous de saint Denis? Oüida, ma Commere, oüy: oüy: Ce n'est pas loin de la Villette, Oüida, ma Commere, oüaire, Oüida ma Commere, oüy.

Le Voisin vous connoît-il ?
Oüyda, ma Commere, oüy :

Aussi bien fait son Compere,
Oüyda, ma Commere, oüaire,
Oüyda, ma Commere, oüy.

✣

Vôtre Mary le sçait-il ?
Oüyda, ma Commere, oüy ;

Et si ne m'en parle guere,
Oüyda, ma Commere, oüaire,
Oüyda, ma Commere, oüy.

✣

Les Voisins en parlont-ils ?
Oüyda, ma Commere, oüy :

Les Voisins parlont souvent,
Des choses qui n'ant que faire,
Oüyda, ma Commere, oüaire,
Oüyda, ma Commere oüy.

LES RONDES,

Quatre-vingt-cinquiéme Air.

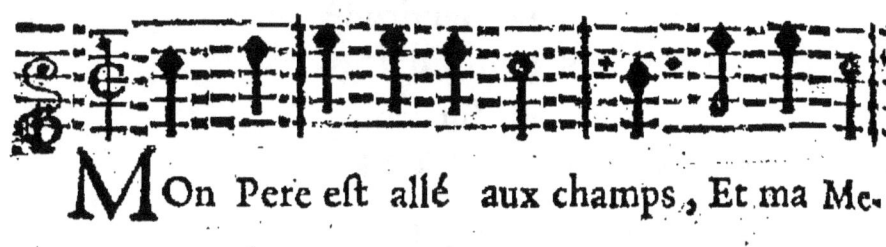

Mon Pere est allé aux champs, Et ma Me-

re à la nôce : Ils m'ont bien recomman-

Refrain.

dé De bien fermer la porte ; Je vous

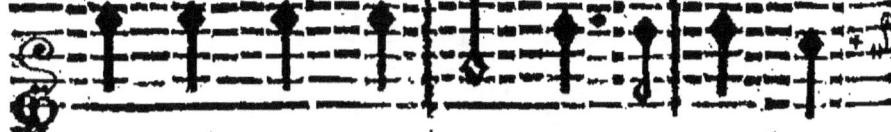

la grin, grin, grin, grin, Je vous la grin-

gole.

Ils m'ont bien recommandé
De bien fermer la porte :

Car je l'ay barricadé
C'est d'une paille d'orge ;

Je vous la grin, grin, grin, grin,
Je vous la gringole.

CHANSONS A DANSER.

Car je l'ay barricadé
C'est d'une paille d'orge :
Mon Amy est survenu,
Qui enfonça la porte ;
Je vous la, &c.

Mon Amy est survenu,
Qui enfonça la porte,
Il m'a prise & m'a jetté
Dessus la paille molle ;
Je vous la, &c.

Il m'a prise & ma jetté
Dessus la paille molle :
Ma Mere y est accouru,
Criant comme une folle ;
Je vous la, &c.

Ma Mere y est accouru,
Criant comme une folle :
Que fais-tu méchant Garçon ?
Voilà ma fille morte ;
Je vous la, &c.

Que fais-tu méchant Garçon ?
Voilà ma fille morte :
Nenny ma Mere, nenny,
Puisque je parle encore ;
Je vous la, &c.

LES RONDES,

Quatre-vingt-sixiéme Air.

ET c'eſt au Palais qu'y a une Lingere, Ell' fait des rabats à nôtre vieux *Refrain.* Pere; Jamais je n'ay vû ſi mnu, ſi mnu, ſi mnu coudre, Jamais je n'ay vû coudre ſi menu.

Ell' fait des rabats à nôtre vieux Pere,
Ell' luy a porté dans son Oratoire ;

Jamais je n'ai vû si mnu, si mnu, si mnu coudre,
Jamais je n'ay vû coudre si menu.

Ell' luy a porté dans son Oratoire,
Combien vous faut-il, la belle Lingere ?

Jamais je n'ay, &c.

Combien vous faut-il, la belle Lingere ?
Donnez-moy cent sols, je n' vous rendray guere ;

Jamais je n'ay vû, &c.

Donnez-moy cent sols, je n' vous rendray guere,
Vous continuerez, la belle Lingere ;

Jamais je n'ay vû, &c.

Vous continuerez, la belle Lingere,
Ah, oüyda, Monsieur, ça n' me coûte guere;

Jamais je n'ay vû, &c.

CHANSONS A DANSER.

Ne m'en donnez point un jeune,
Donnez-moi un Vieillard :

Un jeune aura quelque amie,
Le vieux me nourrira ;

La tanture, ture, lure, lure,
La tanture, ture, lure, là.

※

Un jeune aura quelque amie,
Le vieux me nourrira :

Bercera l'Enfant qui crie,
Qui à luy ne fera ;

La tanture, ture, lure, lure,
La tanture, ture, lure, là.

※

Bercera l'Enfant qui crie,
Qui à luy ne fera :

Son ame sera ravie,
D'être appellé Papa ;

La tanture, ture, lure, lure,
La tanture, ture, lure, là.

※

176 LES RONDES,
Quatre-vingt-huitiéme Air.

OR il étoit un Avocat, Tourlourirette o-lir onfa : Qui avoit un tant beau rabat, Tou, tou, tourlourirette, Qui avoit un tant beau rabat, Toulouri- rette o-lir onfa.

Qui avoit un tant beau rabat,
Tourlourirette olir onfa:

Et la culotte de damas,
Tou, tou, tourlourirette,
Et la culotte de damas,
Tourlourirette olir onfa.

Et la culotte de damas,
Tourlourirette olir onfa:

Un beau pourpoint de taffetas,
Tou, tou, tourlourirette,
Un beau pourpoint de taffetas,
Tourlourirette olir onfa.

Un beau pourpoint de taffetas,
Tourlourirette olir onfa:

Mais il avoit cecy tout gras,
Tou, tou, tourlourirette;
Mais il avoit cecy tout gras.
Tourlourirette olir onfa.

LES RONDES,

Quatre-vingt-neuviéme Air.

JEan des fots mari' fa Fille, Jean des

fots mari' fa fille, A un Garçon de-là

l'iau, Frifton, frifton, friftondene, A un

Garçon de-là l'iau, Friftondene, ô frifton d'iau.

Nous allions tous à la Meffe,
Quatre à quatr' fur une âneffe :

L'Epoufé' fur un porciau,
Frifton, frifton, friftondene,
L'Epoufé' fur un porciau,
Friftondene, ô frifton d'iau.

CHANSONS A DANSER.

Le Vieillard qui les épouse
Etoit vêtu d'une housse :

Sur sa tête avoit un sciau,
Friston, friston, fristondene,
Sur sa tête avoit un sciau,
Fristondene, ô friston d'iau.

Nous avions bonne cuisene,
De deux Mouches les échenes :

Les quartiers pendoint au croc,
Friston, friston, fristondene,
Les quartiers pendoint au croc,
Fristondene, ô friston d'iau.

L'on voyoit dessus la nappe,
Les poux courir quatre à quatre :
Le Marié tuoit les gros,
Friston, friston, fristondene,
Le Marié tuoit les gros,
Fristondene, ô friston d'iau.

La Mariée mal apprise,
Fit caca dans sa chemise :

Et enbrenit ses sabiots,
Friston, friston, fristondene,
Et enbrenit ses sabiots,
Fristondene, ô friston d'iau.

Le Marié plus honneste,
Jetta liau par la fenêtre :

Tout jusques dans le ruissiau,
Friston, friston, fristondene,
Tout jusques dans le ruissiau,
Fristondene, &c.

LES RONDES,
Quatre-vingt-dixiéme Air.

MOn Pere avoit un jardinet, Belle, vous

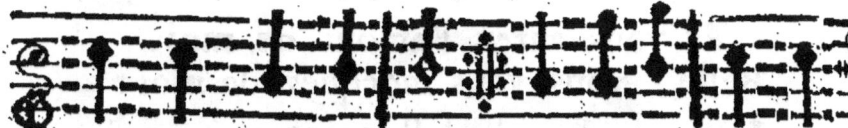

vous mocquez de moi: Où il y croît ro-
Refrain.

se & muguet; L'entendez-vous? Belle, vous

vous mocquez de moi, Et moi de vous.

    Où il y croît rose & muguet,
Belle, vous vous mocquez de moi:
Ami, faites m'en un bouquet;
L'entendez-vous?
Belle, vous vous mocquez de moi,
Et moi de vous.

    Ami, faites m'en un bouquet,
Belle, vous vous mocquez de moi:
Et l'attachez à mon bonnet,
L'entendez-vous?
Belle, vous, &c.

Et l'attachez à mon bonnet,
Belle, vous vous mocquez de moi:
Et vous aurez l'amour de moi,
L'entendez-vous?

Belle, vous, &c.

✤

Et vous aurez l'amour de moi,
Belle, vous vous mocquez de moi:
L'amour de toi n'est point pour moi,
L'entendez-vous?

Belle, vous, &c.

✤

L'amour de toi n'est point pour moi,
Belle, vous vous mocquez de moi:
Il est à quelque beau Valet,
L'entendez-vous?

Belle, vous, &c.

✤

Il est à quelque beau Valet,
Belle, vous vous mocquez de moi:
Qui porte le rouge bonnet,
L'entendez-vous?

Belle, vous, &c.

✤

Qui porte le rouge bonnet,
Belle, vous vous mocquez de moi:
Et le pourpoint de satinet,
L'entendez-vous?

Belle, vous, &c.

✤

LES RONDES,

Quatre-vingt-onzième Air.

Allant à la chasse, Rêvant à l'amour:

Rencontrai Bergere, Bergere aux yeux

Refrain.

doux; Si je vous pri' de m'aimer, Me refu-

serez- vous?

Rencontrai Bergere,
Bergere aux yeux doux:

Je m'approchai d'elle,
Me mis à genoux;

Si je vous pri' de m'aimer,
Me refuserez-vous?

CHANSONS A DANSER.

Je m'approchay d'elle,
Me mis à genoux :

Ceux que vos yeux bleſſent,
Les gueriſſez-vous ?

Si je vous pri' de m'aimer,
Me refuſerez-vous ?

🍇

Ceux que vos yeux bleſſent,
Les gueriſſez-vous ?

J'aurois trop à faire
De les guerir tous ;

Si je vous pri' de m'aimer,
Me refuſerez-vous ?

🍇

J'aurois trop à faire,
De les guerir tous :

Je ſuis née auſtere,
Berger, taiſez-vous ;

Si je vous pri' de m'aimer,
Me refuſerez-vous ?

🍇

Quatre-vingt-douzième Air.

ENtre vous Messieurs & Dames, Il ne vous deplaira pas: Que je dise un petit conte De nôtre valet Colas;
Refrain.
Ah! têti goy que le drôle étoit aise; helas! pourquoy n'y étois-je pas?

Que je dise un petit conte,
De nôtre valet Colas:

Un soir en gardant les vaches
A l'écart dedans un bois;

Ah! têti goy que le drôle étoit aise;
Helas! pourquoy n'y étois-je pas?

Un soir en gardant les vaches,
A l'écart dedans un bois:

Trouva sa Mie endormie,
Il l'a prit entre ses bras;

Ah! têti goy que le drôle étoit aise;
Helas! pourquoy n'y étois-je pas?

Trouva sa Mie endormie,
Il l'a prit entre ses bras:

De vous dire ce qu'il en fit,
Ma foy je n'y étois pas;

Ah! têti goy que le drôle étoit aise;
Helas! pourquoy n'y étois-je pas?

LES RONDES,

Quatre-vingt-treiziéme Air.

AH que tu m'importune Amour, Ah que tu m'impor-tune: Un soir m'allant prome-ner Au beau clair de la lune, En mon chemin rencontray Une fort belle Brune. Ah que tu m'importune Amour, Ah que tu m'importu-ne.

En mon chemin rencontray
Une fort belle Brune,
La priay de me baiser,
Et luy promis fortune;

Ah que tu m'importune Amour,
Ah que tu m'importune.

❦

La priay de me baiser,
Et luy promis fortune,
Ell' m'a répondu, Monsieur,
Je ne suis pas commune;

Ah que tu m'importune Amour,
Ah que tu m'importune.

❦

Ell' m'a répondu, Monsieur,
Je ne suis pas commune,
Je m'assis sur le gazon,
Faute de lit de plume;

Ah que tu m'importune Amour,
Ah que tu m'importune.

❦

Je m'assis sur le gazon,
Faute de lit de plume,
La couvris de mon manteau,
Pour la guerir du rhume;

Ah que tu m'importune Amour,
Ah que tu m'importune.

❦

Quatre-vingt-quatorziéme Air.

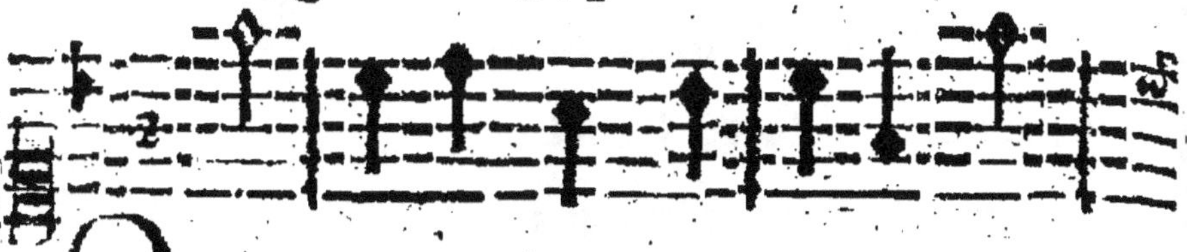

Quand j'étois chez mon Pere, Fil-

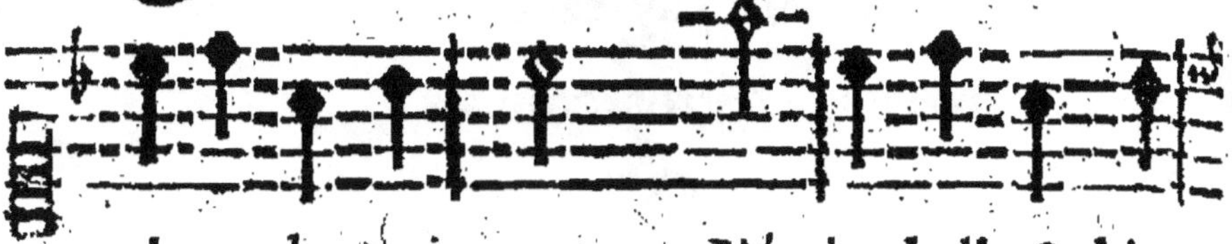

lette de quinze ans, J'étois belle & bien

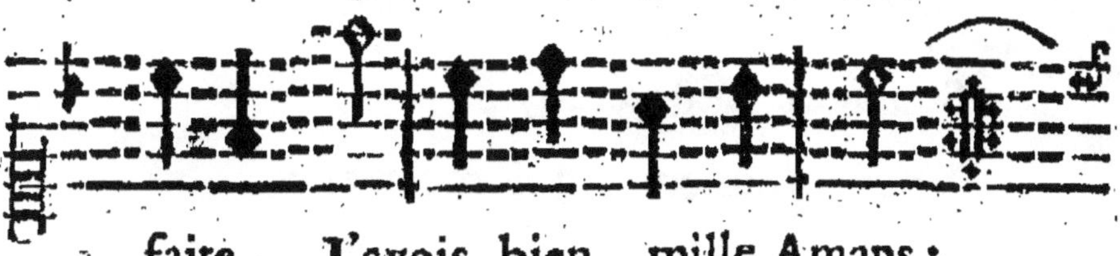

faite, J'avois bien mille Amans:

Refrain.

Et maintenant j'ay tant de mal, A

trouver un gros ani-mal.

L'un me disoit, la Belle,
Tu as gagné mon cœur,
L'autre disoit, Cruelle,
Cessez vôtre rigueur:

Et maintenant j'ay tant de mal,
A trouver un gros animal.

Vous qui sçavez ma peine,
Soulagez moy démoy,
Vous Monsieur, qui me mene,
Si vous vouliez de moy :

Et je n'aurois plus tant de mal,
A trouver un gros animal.

LES RONDES,

Quatre-vingt-quinziéme Air.

RONDEAU.

POur moy je veux un Mary, Qui saute, qui danse, qui chante, qui rit; Pour moy je veux un Mary, Qui ne soit jamais endormy.

Reprise.

Mon Pere m'a mari- é, A un Vieillard bon homme; Mais j'aurois bien mieux aimé A- voir un beau jeune homme. Pour moi je veux...

Jusqu'au mot FIN.

Quand je suis auprès de luy,
D'une façon commune,
Que je veux le careſſer,
Il m'appelle importune.

Pour moi je veux un Mari,
Qui ſaute, qui danſe, qui chante, qui rit;
Pour moi je veux un Mari,
Qui ne ſoit jamais endormy.

Quand nous allons dans le bois,
Et que je penſe rire,
Loin de répondre à ma voix,
Il ne fait que ſourire;

Pour moy, &c

J'ay beau luy donner du vin,
Il eſt plus froid que l'âtre;
Je veux un jour de chagrin
Le battre comme plâtre;

Pour moy, &c.

192 LES RONDES,
Quatre-vingt-seiziéme Air.

Ma Tante, mariez-moi donc, A quelque beau jeune garçon: Je suis lassé d'attendre, ma Tante, Je suis lassé d'attendre.

Ma

CHANSONS A DANSER.

Ma Tante, il y a bien six mois
Qu'il me promene dans ces bois:
En caffant des amandes, ma Tante,
En caffant des amandes.

Ma Tante, il est si bon garçon,
Il coupe des bourfe, à foifon:
Et les met dans fa manche, ma Tante,
Et les met dans fa manche.

LES RONDES,

Quatre-vingt-dix-septiéme Air.

L'Autre jour sous un chêne, Je rencontray Guillot: lot: Qui contoit à Margot son amoureuse peine: Passez donc, lon lan la, Sans vous arrêter là.

Refrain.

Mais je vous vois tant rire,
Dites-moy, ce que c'est?

Je suis des plus discrets,
Pour n'en jamais rien dire:

Passez donc, lon lan la,
Sans vous arrêter là.

C'est un secret mistere,
Où il ne faut que deux :

Vous êtes curieux,
Apprenez à vous taire :

Passez donc, lon lan la,
Sans vous arrêter là.

Retien cette parole,
Et n'y retourne plus :

Un tiers est superflus,
Quand un amant cajole :

Passez donc, lon lan la,
Sans vous arrêter là.

Quatre-vingt-dix-huitiéme Air.

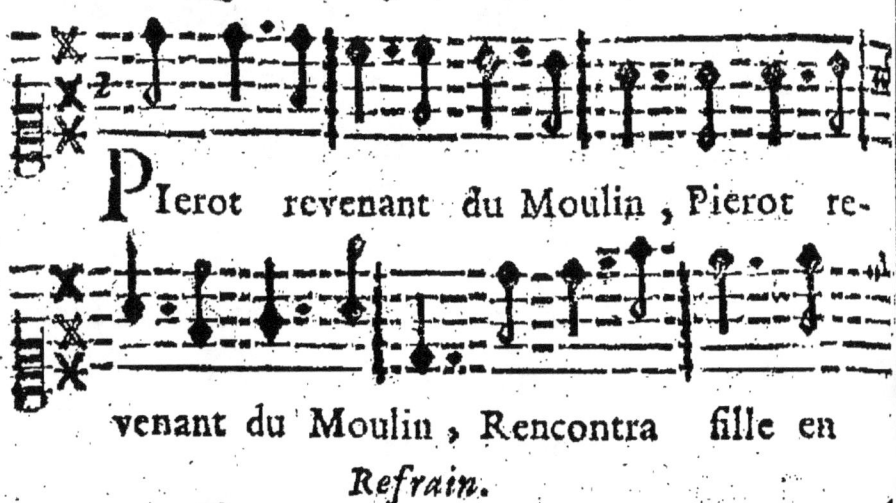

Pierot revenant du Moulin, Pierot re-venant du Moulin, Rencontra fille en

Refrain.

son chemin; Pierot, Pierot reviendra tan-

tôt, Tantôt reviendra Pierot.

  Rencontra fille en son chemin: *bis.*
Près d'un ruisseau dessus du foin;
Pierot, Pierot reviendra tantôt,
Tantôt reviendra Pierot.

  Près d'un ruisseau dessus du foin: *bis.*
Ce qu'il luy dit, ne se sçait point,
Pierot, Pierot reviendra tantôt,
Tantôt reviendra Pierot.

CHANSONS A DANSER.

Ce qu'il luy dit, ne se sçait point : *bis.*
Car c'est un gros mot de latin,
Pierot, Pierot reviendra tantôt,
Tantôt reviendra Pierot.

∞

Car c'est un gros mot de latin : *bis.*
Que les filles n'entendent point ;
Pierot, Pierot reviendra tantôt,
Tantôt reviendra Pierot.

∞

Que les filles n'entendent point : *bis.*
Mais, dont elles se doutent bien ;
Pierot, Pierot reviendra tantôt,
Tantôt reviendra Pierot.

∞

Mais, dont elles se doutent bien : *bis.*
De le dire, il n'est pas besoin ;
Pierot, Pierot reviendra tantôt,
Tantôt reviendra Pierot.

LES RONDES,

Quatre-vingt-dix-neuviéme Air.

EN allant me promener, Chacun

a son ami- tié, En mon chemin rencon-

Refrain.

tré; N'est-il pas vray Climene? Chacun

a son amitié, Et vous êtes la mienne.

En mon chemin rencontré,
Chacun a son amitié,
Une Bergere un Berger;
N'est-il pas vray Climene?
Chacun a son amitié,
Et vous êtes la mienne.

CHANSONS A DANSER.

Une Bergere un Berger,
Chacun a son amitié,
Bergere, il nous faut aimer;

N'est-il pas vray Climene?
Chacun a son amitié,
Et vous êtes la mienne.

Bergere, il nous faut aimer,
Chacun a son amitié,
Tu ne seras point leger;

N'est-il pas vray Climene?
Chacun a son amitié,
Et vous êtes la mienne.

Tu ne seras point leger,
Chacun a son amitié,
Plûtôt mourir que changer;

N'est-il pas vray Climene?
Chacun a son amitié,
Et vous êtes la mienne.

LES RONDES,
Centiéme Air.

C'Est la jeune Boulan- gere, Du bout

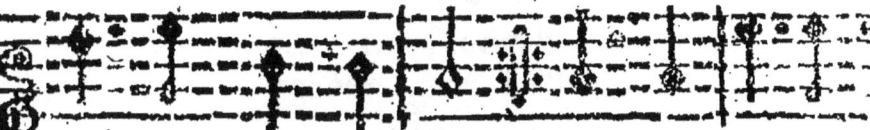

du Pont saint Miché: Ell' s'en va en

pelri- nage, Son Mary est trépaſ- ſé;
Refrain.

Bon, bon, je le vais dire, Gay, gay,

je le diray.

    Ell' s'en va en pelrinage,
Son Mary est trépaſſé:

Le premier qu'elle rencontre,
Fut un garçon Patiſſier;
Bon, bon, je le vais dire,
Gay, gay, je le diray.

CHANSONS A DANSER.

Le premier qu'elle rencontre,
Fut un garçon Patiſſier :
D'où venez-vous, ma Commere ?
Dites-moy d'où vous venez ?
Bon, bon, &c.

D'où venez-vous, ma Commere ?
Dites-moy d'où vous venez ?
Je viens de pelerinage,
Mon Mary eſt trépaſſé ;
Bon, bon, &c.

Je viens de pelerinage,
Mon Mary eſt trépaſſé :
Vous avez menti, Commere ;
Vous venez des Couturiers ;
Bon, bon, &c.

Vous avez menti, Commere,
Vous venez des Couturiers :
Nous verrons le petit frere
Quelque jour dans ces quartiers ;
Bon, bon, &c.

Nous verrons le petit frere,
Quelque jour dans ces quartiers ;
Preparez luy une chaire,
Car il nous pourra prêcher ;
Bon, bon, &c.

Cent uniéme Air.

LE malheur m'en voulut bien, Quand je

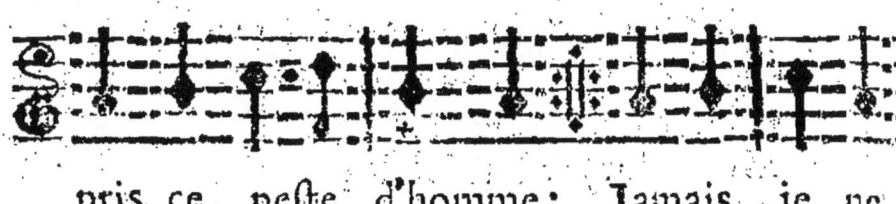

pris ce peste d'homme: Jamais je ne

l'aime- ray, En duſſay-je aller à Rome;

Refrain.

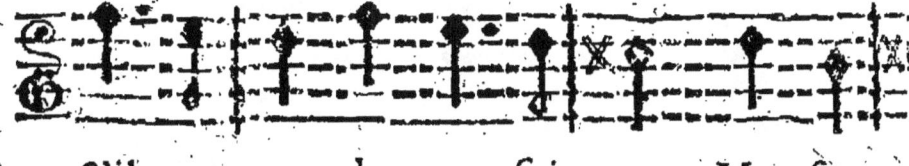

S'il me gronde tant ſoit peu, Ma foy

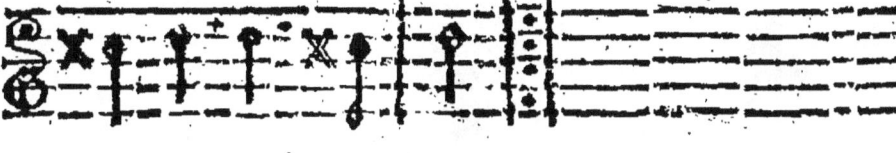

je joüray mon jeu.

Le Soleil n'est pas couché
Qu'il veut que je me retire :

Si-tôt qu'il m'entend parler,
Le Jaloux entre en martire ;

S'il me gronde tant soit peu,
Ma foy je joüray mon jeu.

S'il me bat ce gros Lourdau,
Qu'il ne fasse point la bête :

Si j'ay du bois sur le dos,
Il en aura sur la tête ;

S'il me gronde tant soit peu,
Ma foy je joüray mon jeu.

LES RONDES,
Cent deuxième Air.

MEre dont la fille est jeunette, Et qui veut la, landeri-ra: Qui veut voir sa fortune faite, Doit un peu la, landeri-rette, Doit un peu la, landeri-ra.

Refrain.

CHANSONS A DANSER.

Doit un peu la rendre coquette,
Car avec la, landerira :

Avec la vertu la plus nette,

Il faut de la, landerirette,
Il faut de la, landerira.

Il faut de l'atrappe minette,
C'est de cela, landerira,

Qu'on doit instruire la fillette,

Pour prendre la, landerirette,
Pour prendre la, landerira.

Pour prendre l'amant qui la guette,
Et voudroit la, landerira ;

Mais ma langue un peu trop caquette,

Finissons la, landerirette,
Finissons la, landerira.

LES RONDES,

Cent troisiéme Air.

EN revenant de Charonne, Tout auprès de Bagnolet: J'ay vû mon amy Guillaume, En larmes qui se fondoit;
Refrain.
J'ay prêté mon, mon petit mon, J'ay prêté mon ptit martinet.

CHANSONS A DANSER.

J'ay vû mon amy Guillaume,
En larmes qui se fondoit:

Il avoit une chandelle,
Qui sans éclairer brûloit;

J'ay prêté mon, mon petit mon,
J'ay prêté mon ptit martinet.

✻

Il avoit une chandelle,
Qui sans éclairer brûloit:

Il me dit, helas! la Belle,
Voy-donc le grand vent qu'il fait;

J'ay prêté, &c.

✻

Il me dit, helas! la Belle,
Voy-donc le grand vent qu'il fait:

Tu serois par trop cruelle,
Si ton cœur me refusoit:

De prêter ton, &c.

✻

Tu serois par trop cruelle,
Si ton cœur me refusoit:

Comme il me parut fidelle,
Je consentis en effet

De prêter mon, &c.

✻

LES RONDES,

Cent quatriéme Air.

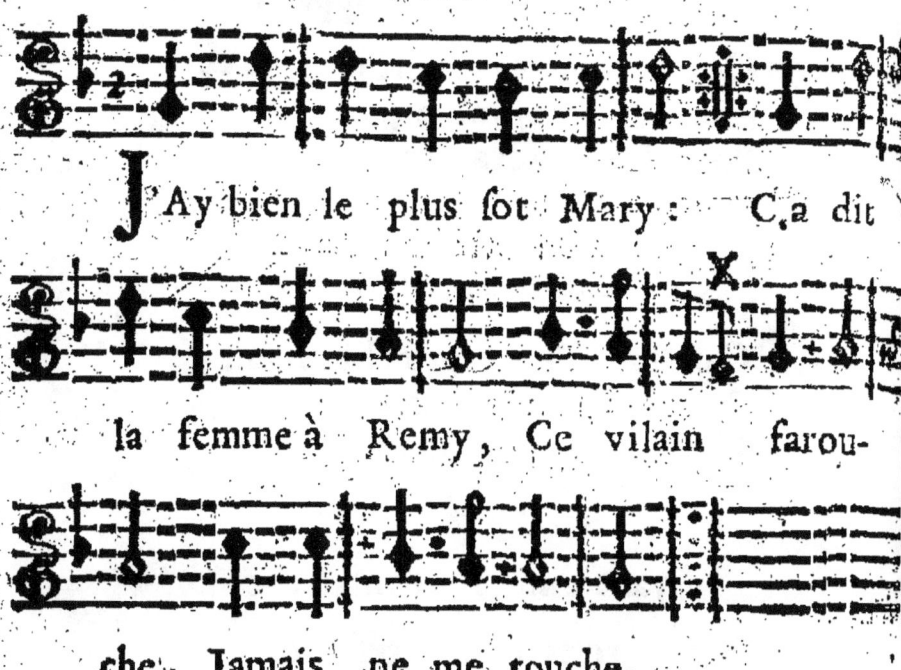

J'Ay bien le plus sot Mary : C,a dit la femme à Remy, Ce vilain farouche, Jamais ne me touche.

Eft-t-il feul ce gros Lourdau :
Il s'endort comme un pourceau,
Sans jamais me dire
Fanchon, veux-tu rire.

❦

Je plaideray l'Animal :
Devant nôtre Tribunal,
Pour luy faire entendre
Qu'il doit eftre tendre.

❦

Mais fi le Juge jamais :
Faifoit perdre mon procès,
J'irois au remede,
A la Cour des Aydes.

❦

CHANSONS A DANSER.

Cette Cour a des appas :

Que les autres n'auroient pas,
Elle est secourable,
Pour les miserables.

J'en choisirois un parfait :

Qui fut d'un esprit bien fait,
Et qui sçut entendre,
Qu'il faut estre tendre.

Ayant ainsi rencontré :

Nous irons nous présenter
Devant mon Compere,
Qui sçait cette affaire.

LES RONDES,

Cent cinquième Air.

JE me levay par un matin, Plus matin que la Lu-ne, M'en fus abreuver mon Roussin Dans les flots de Neptu-ne.

Refrain.

Ah ! que tu m'importune Amour, Ah ! que tu m'importu-ne.

CHANSONS A DANSER.

 M'en fus abreuver mon Roussin,
Dans les flots de Neptune;
Je rencontray sur mon chemin,
Une agréable Brune;

Ah! que tu m'importune Amour,
Ah! que tu m'importune.

❋

 Je rencontray sur mon chemin,
Une agréable Brune;
Humblement la priay soudain,
De la bonne fortune;

Ah! que tu, &c.

❋

 Humblement la priay soudain,
De la bonne fortune;
Elle me dit oüy-da, Blondin,
La chose est fort commune;

Ah! que tu, &c.

LES RONDES,

Cent sixiéme Air.

CE fut sur nôtre montée; Ah! que je suis bien fortu-née, Qu'un Galant m'a rencontrée, O le méchant malheureux;
Refrain.
Ah! que je suis infortu-née, Nôtre poule a cassé ses œufs.

Qu'un Galant m'a rencontrée,
Ah! que je suis bien fortunée;
Et qu'il m'a si bien lorgnée,
Jamais ne vis tel lorgneux;

Ah! que je suis infortunée,
Nôtre poule a cassé ses œufs.

Et qu'il m'a si bien lorgnée,
Ah! que je suis bien fortunée;
Et moy qui suis obstinée,
Pour un coup j'en lorgnay deux;

Ah! que je suis infortunée,
Nôtre poule a cassé ses œufs.

Et moy qui suis obstinée,
Pour un coup j'en lorgnay deux;
Maîtresse en suis demeurée,
Dont il fut le plus honteux;

Ah! que je suis infortunée,
Nôtre poule a cassé ses œufs.

LES RONDES,

Cent septiéme Air.

AU jardin de mon Pere, Un nid d'Oyseaux y a: Pour les prendre, mon frere Tous les matins y va; Quand je me démene, démene, Quand je me démene tout va.

Pour les prendre, mon frere,
Tous les matins y va :
Il veut guetter la Mere,
Et puis le tout prendra ;
Quand je me démene, démene,
Quand je me démene tout va.

Il veut guetter la Mere,
Et puis le tout prendra :
S'il a ce qu'il espere,
Ma part me donnera ;
Quand je me démene, démene,
Quand je me démene tout va.

116 LES RONDES,

Cent huitiéme Air.

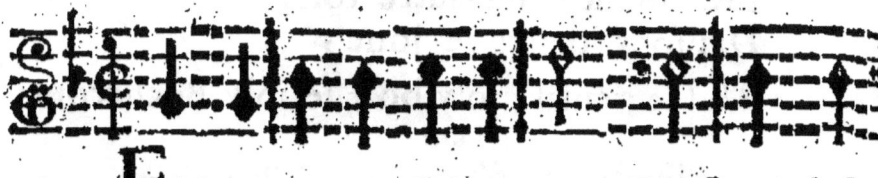

EN revenant d'Avignon, Dansons des-

sus le jonc, J'apperçûs un Bocheron,

Refrain.

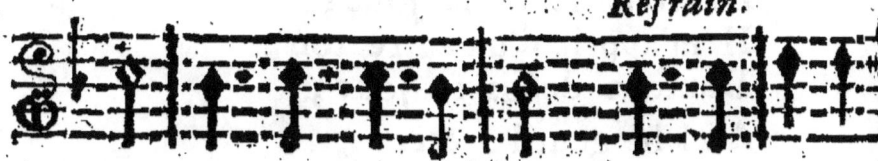

Dansons dessus le jonc; Ah! le gentil,

joly bo, le joly Bocheron.

J'apperçûs un Bocheron,
Dansons dessus le jonc;
Qui m'assit sur son giron,
Dansons dessus le jonc;

Ah! le gentil, joly bo, le joly Bocheron.

CHANSONS A DANSER.

Qui m'assit sur son giron,
Dansons dessus le jonc,
Me disant d'un autre ton,
Dansons dessus le jonc;
Ah! le gentil, joly bo, le joly Bocheron.

Me disant d'un autre ton,
Dansons dessus le jonc;
En repetant ma Chanson,
Dansons dessus le jonc;
Ah! le gentil, &c.

En repetant ma Chanson,
Dansons dessus le jonc;
Il m'apprit d'un autre ton,
Dansons dessus le jonc;
Ah! le gentil, &c.

Il m'apprit d'un autre ton,
Dansons dessus le jonc;
Que je sçay bien tout du long,
Dansons dessus le jonc;
Ah! le gentil, &c.

Que je sçay bien tout du long,
Dansons dessus le jonc;
Souvent nous la recordons,
Dansons sur le jonc;
Ah! le gentil, &c.

Souvent nous la recordons,
Dansons dessus le jonc;
Tête-à-tête sans façon,
Dansons, &c.

Tome I.

LES RONDES,

Cent neuviéme Air.

MOn Pere m'a mari- é Avec un Vieillard jaloux: Quand ce vint au lende- main, M'envoya planter des choux;
Refrain.
Vi- vray-je en peine, languiray- je toûjours?

CHANSONS A DANSER.

Quand ce vint au lendemain,
M'envoya planter des choux :
Mon Amy passant par-là,
Planteray-je avecque vous ?
Vivray-je en peine, languiray-je toûjours ?

Mon Amy passant par-là,
Planteray-je avecque vous ?
Plantez-y si vous voulez,
Mais du moins dépêchez-vous ;
Vivray-je, &c.

Plantez-y si vous voulez,
Mais du moins dépêchez-vous :
A la porte, dit le Vieillard,
Qui regarde par un trou ;
Vivray-je, &c.

A la porte, dit le Vieillard,
Qui regarde par un trou :
Que malepeste est cecy,
Plante-t'on ainsi des choux ?
Vivray-je, &c.

Que malepeste est cecy,
Plante-t'on ainsi des choux ?
Plantez-les à vôtre goût,
On les plante ainsi chez nous ;
Vivray-je, &c.

LES RONDES,

Cent dixiéme Air.

Fillettes qui passez quinze ans, Ne soyez pas si dédaigneuses: Vous ne serez jamais heureuses, Si vous rebutez vos Amants.

Refrain.

Je le ferois si je pouvois; Mais par ma fy, je n'oserois.

Choisissez un Berger discret,
Et ne luy soyez pas volage;
Profitez de vôtre bel âge,
Où vous en aurez du regret.

Je le ferois si je pouvois,
Mais par ma fy, je n'oferois.

❧

N'écoûtez pas les vains discours
Que tient sans cesse vôtre Mere;
C'est-là le langage ordinaire,
Quand on a passé ses beaux jours.

Je le ferois, &c.

❧

Voulez-vous des plus doux plaisirs
Apprendre la charmante route?
Gardez-vous qu'on ne vous écoûte,
Et par fois suivez vos desirs.

Je le ferois, &c.

❧

J'apperçûs un soir à l'écart,
Lise & Colin dans un boccage;
J'en pourrois dire davantage,
Mais je ne suis point babillard.

Je le ferois, &c.

❧

LES RONDES,

Cent onziéme Air.

L'Autre jour me promenant Au jardin de Nicolas; J'apperçûs un nid, un nid, un nid, Mes Dames, J'apperçûs un nid, un nid de Cornillards.

Quand j'eus apperçû ce nid,
Je le mis tout en un tas:
J'appellay mon a, mon a, mon a, Mes Dames,
J'appellay mon a, mon Amy gros & gras.

CHANSONS A DANSER.

Quand mon Amy fut venu,
Son gros Frere il appella :

A son cry d'abord, mon a, mon a, Mes Dames,
A son cry d'abord, mon Amy arriva.

Quand son Frere fut venu,
Bel & bien il nous aida :

Dans son sac il mit, il mit, il mit, Mes Dames,
Dans son sac il mit, il mit les Cornillards.

Et quand les y eût tous mis,
Ils crioient du fond du sac :

Vos Maris auront, auront, auront, Mes Dames,
Vos Maris auront, auront donc le trépas ?

Cent douziéme Air.

AH ! que le jeu du flageolet Me plaît & me réveille, Nous avons chez nous un Valet Qui en joüe à merveille ;

Refrain.

Ah ! je l'ay pris pour mon Valet, A cause de son jeu parfait.

Quand on le veut faire joüer,
Il faut qu'on le careffe ;
Mais après il faut avoüer
Qu'il joüe avec adreffe ;

Ah ! je l'ay pris pour mon Valet,
A caufe de fon jeu parfait.

❀

Alors je commence à danfer
D'une façon gentille,
Et comme il aime à m'amufer,
En joüant fon œil brille ;

Ah ! je l'ay pris, &c.

❀

Toutes les filles du Hameau,
S'éforcent d'en médire,
Car chaque jour d'un air nouveau,
Il prend foin de m'inftruire,

Ah ! je l'ay pris, &c.

❀

226 LES RONDES,

RONDEAU.   *Cent treiziéme Air.*

Trop matin sont-ils levez les drôles,

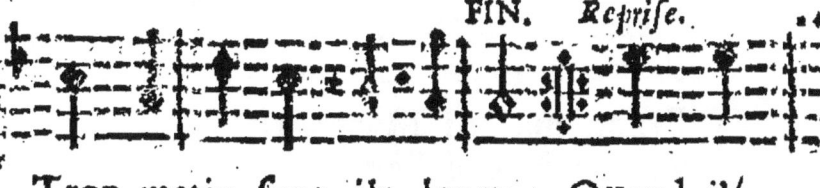

Trop matin sont-ils levez.   Quand j'é-

tois de chez mon Pere, Jeune fille à

ma- rier, On m'envoyoit à l'école,

jusqu'au mot FIN.

Pour ma leçon recorder; Trop matin, &c.

On m'envoyoit à l'école,
Pour ma leçon recorder :

Je n'oubliay pas mon livre :
J'oubliay à déjeuner ;

Trop matin sont-ils levez les drôles ?
Trop matin sont-ils levez.

CHANSONS A DANSER.

Je n'oubliay pas mon livre,
J'oubliay à déjeuner :
Helas ! nôtre valet Pierre,
Est venu m'en apporter ;
Trop matin, &c.

❉

Helas ! nôtre valet Pierre,
Est venu m'en apporter :
Tenez ma mi' Margueritte,
Voilà vôtre déjeuné ;
Trop matin, &c.

❉

Tenez ma mi' Margueritte,
Voilà vôtre déjeuné :
Je voudrois de tout' mon ame
Que vous sçussiez ma pensée ;
Trop matin, &c.

❉

Je voudrois de tout' mon ame
Que vous sçussiez, ma pensée :
Que vous fussiez dans ma chambre,
Vous & moy bien enfermé ;
Trop matin, &c.

❉

Que vous fussiez dans ma chambre,
Vous & moy bien enfermé :
Que la clef en fut perduë,
Qu'on ne la put retrouver ;
Trop matin, &c.

❉

228 LES RONDES,

Cent quatorziéme Air.

ME mariay hier matin, Pensant bien mon

profit faire; A la fille d'un Voisin,
Refrain.

Qui pour moy ne veut rien faire; Disant

qu'elle est Damoiselle, Qu'elle m'a pris

pour mon bien, Et moy qui luy suis fidelle,

J'endure sans dire rien

CHANSONS A DANSER.

    Ma femme fit l'autre jour,
De trois fromages des tartes,
J'eus beau tourner tout au tour,
Elle me dit pren des cartes;

Difant qu'elle est Demoiselle,
Qu'elle m'a pris pour mon bien,
Et moy qui luy suis fidelle,
J'endure sans dire rien.

    Ma femme en prit un morceau,
S'en alla chez un vieux Reytre,
Je la suivis bel & beau,
Regardant par la fenêtre;

Difant qu'elle, &c.

    Je vis ce Reytre bien fin,
Déjeuner avec ma femme,
Il dépensent tout mon bien,
Elle est pour luy tout de flâme;

Difant qu'elle, &c.

    Lorsque ma femme revint,
Je luy voulois faire fête,
Elle me jetta soudain,
Un escabelle à la tête;

Difant qu'elle, &c.

LES RONDES,

Cent quinziéme Air.

ENtre vous mes jeunes Filles, Qui voulez-vous marier, Quoy qu'un homme soit civile, Il faut l'avoir éprouvé, Car qui conte des douceurs, Avant le mariage;
Refrain.
Bien souvent n'a que rigueurs, Quand il est en menage.

CHANSONS A DANSER.

Entre vous mes Demoiselles,
Qui portez de clairs Fichus,
Croyant nous rendre fidelles,
Tous vos soins sont superflus :
Qui nous donne des faveurs
Avant le mariage ;
Bien souvent n'a que rigueurs,
Quand il est en menage.

Entre vous jeunes Fillettes,
Qui portez vendre au marché
Des pommes ou des noisettes,
Du beurre frais ou salé,
Prenez bien garde en allant,
Que l'on ne vous débauche ;
Quand vous verrez le Gallant,
Détournez vous à gauche.

LES RONDES,

Cent seiziéme Air.

J'Aimois une jeune Fille, Dont l'air est assez plaisant: Elle n'est pas trop gen- tille, Ses traits n'ont rien de char-

Refrain.

mant; Mais de mon cœur, Tourlouri- rette, Mais de mon cœur, Elle a l'ardeur.

CHANSONS A DANSER.

Un jour il me prit envie,
De luy declarer mon feu :
Elle m'en parut ravie,
Sans qu'elle m'en fit l'aveu ;
Mais de mon cœur,
Tourlourirette,
Mais de mon cœur,
Elle a l'ardeur.

Moy voyant cette finesse,
Je luy touche dans la main :
Et d'un air plein de rudesse,
Elle blâma mon dessein ;
Mais de mon cœur,
Tourlourirette,
Mais de mon cœur,
Elle a l'ardeur.

Sa Mere bien affligée,
Accourut dans le moment,
Que la Fille consolée,
Disoit tout languissament ;
Mais de mon cœur,
Tourlourirette,
Mais de mon cœur,
Il a l'ardeur.

LES RONDES,
Cent dix-septième Air.

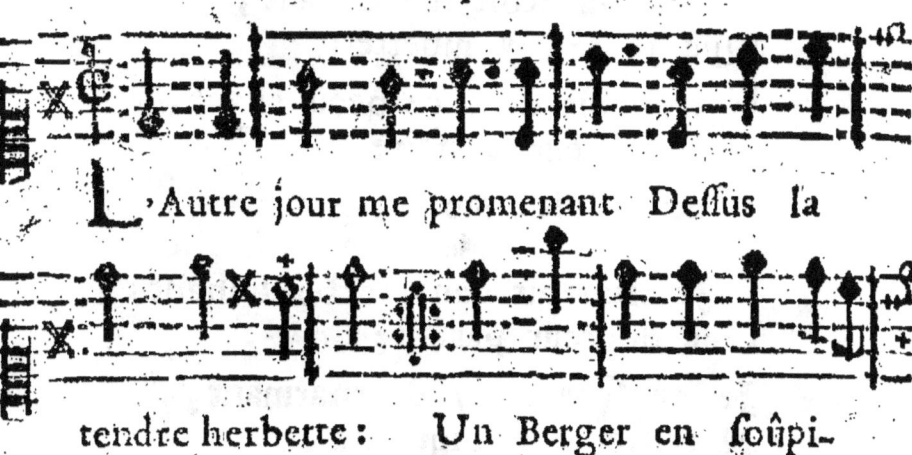

L'Autre jour me promenant Dessus la tendre herbette: Un Berger en soûpi-rant, Chantoit sur sa Muset-te ;

Refrain.

Chacun doit du Dieu d'amour, Suivre

les loix tour à tour.

Un Berger en soûpirant,
Chantoit sur sa Musette ;
Son ton étoit si touchant,
Que je restay muette,
Chacun doit du Dieu d'amour,
Suivre les loix tour à tour.

*

CHANSONS A DANSER.

Son ton étoit si touchant,
Que je restay muette :
Je trouvois dans ce beau chant,
Une douceur parfaite ;
Chacun doit, &c.

*

Je trouvois dans ce beau chant,
Une douceur parfaite :
Je ne sçay quoy de charmant,
M'agitte & m'inquiette ;
Chacun doit, &c.

*

Je ne sçay quoy de charmant,
M'agitte & m'inquiette :
Sans y penser seulement,
Jour & nuit je repette ;
Chacun doit, &c.

*

Sans y penser seulement,
Jour & nuit je repette :
Que ne puis-je un seul moment
Estre avec luy seulette !
Chacun doit, &c.

*

Que ne puis-je un seul moment
Estre avec luy seulette :
Pourquoy faut-il que Maman
Jamais ne le permette ?
Chacun doit, &c.

*

LES RONDES,

Cent dix-huitiéme Air.

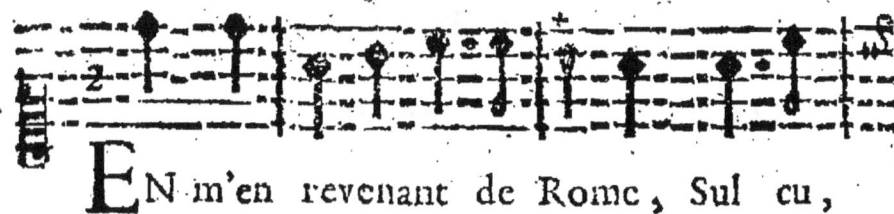
EN m'en revenant de Rome, Sul cu,

sul fond d'un tonneau, Je vis Cousine, Guil-

laume, Sul cu, Sul cu, sul fond d'un ton-

neau, Mon amour luy donne.

Je vis Cousine, Guillaume,
Sul cu, sul fond d'un tonneau :

Belle, ayez pitié d'un homme,
Sul cu, sul fond d'un tonneau ;
Mon amour luy donne.

Belle, ayez pitié d'un homme,
Sul cu, ful fond d'un tonneau :
Qui ne peut plus prendre fomme,
Sul cu, ful, &c.

Qui ne peut plus prendre fomme,
Sul cu, ful fond d'un tonneau :
Si tu veux chere Mignone,
Sul cu, ful, &c.

Si tu veux chere Mignone,
Sul cu, ful fond d'un tonneau,
Nous retournerons à Rome,
Sul cu, ful, &c.

Nou retournerons à Rome,
Sul cu, ful fond d'un tonneau :
C'eſt-là que tout on par donne,
Sul cu, ful, &c.

LES RONDES,

Cent dix-neuviéme Air.

Robin à la fontaine, S'en va la cruche en main: Rencontre dans la plaine, La
Refrain.
Bergere Catin, Ah! ah! ah! ce dit-il, oh, la, la, la, Où va si matin celle-là?

Rencontre dans la plaine,
La Bergere Catin:

Qui filoit de la laine,
En faisant son chemin;

Ah! ah! ah! ce dit-il, oh, la, la, la,
Quelle besogne avez vous-là?

✣

CHANSONS A DANSER.

Qui filoit de la laine,
En faifant fon chemin :
Voulez-vous, Inhumaine,
Que j'y mette la main?
Ah! ah! ah! ce dit-elle, oh, la, la, la,
Je fileray bien fans cela.

♣

Voulez-vous, Inhumaine,
Que j'y mette la main :
N'en prenez pas la peine,
Je vois vôtre deffein ;
Ah! ah! ah! ce dit-elle, oh, la, la, la,
Vous n'entendez rien à cela.

♣

N'en prenez pas la peine,
Je vois vôtre deffein :
Et pour qu'il vous fouvienne
D'avoir été badin ;
Ah! ah! ah! ce dit-elle, oh, la, la, la,
Sa cruche auffi-tôt luy caffa.

♣

Et pour qu'il vous fouvienne
D'avoir été badin :
Le Berger hors d'haleine,
Luy dit, demain matin ;
Ah! ah! ah! ce dit-il, oh, la, la, la,
Ma foy tu me la payeras ;

♣

Le Berger hors d'haleine,
Luy dit, demain matin :
Oh qu'à cela ne tienne,
J'iray toûjours mon train ;
Ah! ah! ah! ce dit-il, oh, la, la, la,
Tu menaces, & demeure là.

✱

140 LES RONDES,

Cent vingtiéme Air.

Jacque, Jacq. helas! mon Amy Jacque, j'étois

bien per- du sans vous. Fut un Dimanche après

Vêpres, M'en allois planter des choux, A mon

chemin je rencontre, C'est le Valet de chez
Refrain.

nous; Jacque, Jacq, helas! mon Amy Jacque,

j'étois bien per- du sans vous.

CHANSONS A DANSER.

A mon chemin je rencontre
Un bon Valet de chez nous,
Où allez-vous Margueritte?
N'avez-vous pas peur du loup?

Jacque, Jacq, helas! mon amy Jacque,
J'étois bien perdu sans vous.

❦

Nanny-da, mon amy Jacque,
Quand je suis auprès de vous;
En achevant la parole,
J'apperçus venir le loup;

Jacque, Jacq, helas! mon amy Jacque,
J'étois bien perdu sans vous.

❦

Il banda son arbalêtre,
En tira cinq ou six coups;
Tout aussi bien suis-je morte,
Tirez donc encor un coup;

Jacque, Jacq, helas! mon amy Jacque,
J'étois bien perdu sans vous.

❦

Nª. La Reprise des Couplets cy-dessus, est à la seconde Portée du Chant; à ces mots: Fut un Dimanche, &c.

LES RONDES,

Cent vingt-uniéme Air.

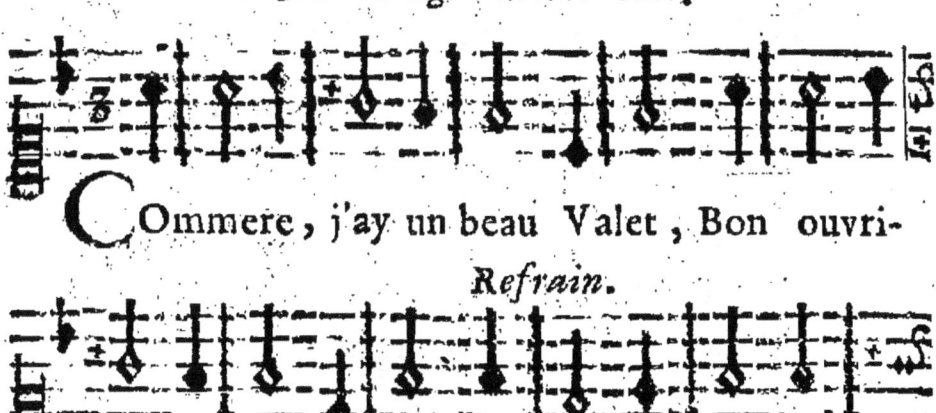

Commere, j'ay un beau Valet, Bon ouvri-
Refrain.
er & bien adroit; Un Valet à tout
faire Commere, Un Valet à tout faire.

Eh bien qu'est-ce donc qu'il vous fait?
Ce Garçon si beau, si parfait?
Ce qui m'est necessaire, Commere,
Ce qui m'est necessaire.

❀

Ne paroît-il point endormi,
Commere, fait-il bien un lit;
Et même le défaire, Commere,
Et même le défaire.

❀

Commere, helas! prêtez-le moy,
Je vous le rendray sur ma foy;

Ne le garderay guere, Commere,
Ne le garderay guere.

Ma Commere, je l'ay prêté,
Mais, il revint si fatigué;

Que plus rien je n'espere, Commere,
Que plus rien je n'espere.

Ma Commere, je le diray
A ton Mary, découvriray

Tout le nœud de l'affaire, Commere,
Tout le nœud de l'affaire.

LES RONDES,
Cent vingt-deuxiéme Air.

A Paris j'aime trois Filles, Ah! ah! qu'elles font gentilles! L'une y coud & l'autre y *Refrain.* file, Par plaisir; Ah! ah! qu'elles font gentilles A ravir!

L'une y coud & l'autre y file,
Ah! ah! qu'elles font gentilles!
La troisiéme est bien civile,
 Par plaisir;
Ah! ah! qu'elles font gentilles,
 A ravir!

❧

La troisiéme est bien civile,
Ah! ah! qu'elles font gentilles!
Et toutes trois font nubiles,
 Par plaisir;
Ah! ah! qu'elles, &c.

❧

E toutes trois sont nubiles,
Ah! ah! qu'elles sont gentilles!
Leur Mere leur dit, mes Filles,
 Par plaisir;
Ah! ah! qu'elles, &c.

❀

Leur Mere leur dit, mes Filles,
Ah! ah! qu'elles sont gentilles!
Gardez-vous d'être fragiles,
 Par plaisir;
Ah! ah! qu'elles, &c.

❀

Gardez-vous d'être fragiles,
Ah! ah! qu'elles sont gentilles!
Car les Galants sont habiles,
 Par plaisir;
Ah! ah! qu'elles, &c.

❀

Car les Galants sont habiles,
Ah! ah! qu'elles sont gentilles!
Helas! dit la plus docile,
 Par plaisir;
Ah! ah! qu'elles, &c.

❀

Helas! dit la plus docile,
Ah! ah! qu'elles sont gentilles!
Je ne puis être incivile,
 Par plaisir;
Ah! ah! qu'elles, &c.

❀

LES RONDES,
Cent vingt-troisiéme Air.

Gautier étoit bon Cordon-nier,
Qui faisoit fort bien un soulier,

Gautier étoit bon Cordon-nier :
Qui faisoit fort bien un soulier :

Mais je vous dis si ju-ste, Qu'il n'est rien

de plus ju-ste, Il prenoit dessus le

pied, La mesu-re de son soulier.

Une Dame voulut sçavoir   *bis.*
Comment elle en pourroit avoir : *bis.*

O Cordonnier si juste,
Qu'il n'est rien de plus juste;
Prenez bien dessus mon pied,
La mesure de mon soulier.

❦

Pour vous chausser & bien à poin: *bis.*
Madame je n'iray pas loin :   *bis.*

Mais je vous dis si juste,
Qu'il n'est rien de plus juste;
Je prendray sur vôtre pied,
La mesure de mon soulier.

❦

Alors sans se faire prier :   *bis.*
Gautier se mit à travailler :   *bis.*

Mais je vous dis si juste,
Qu'il n'est rien de plus juste;
Et trouva juste à son pied,
La mesure de son soulier.

LES RONDES,
Cent vingt-quatriéme Air.

EN revenant de Charenton, Zifte,

zefte, patapon: J'ay rencontré Maî-
Refrain.

tre Guillon; Zifte, zefte, mallepefte,

Qu'il est lefte, Qu'il est prefte, Zifte, zefte,

ce Garçon!

J'ay rencontré Maître Grillon,
Zifte, zefte, patapon:
Qui racontoit à Margoton;
Zifte, zefte, mallepefte,
Qu'il est lefte,
Qu'il est prefte,
Zifte, zefte, ce Garçon!

Qui racontoit à Margoton,
Zifte, zefte, patapon:
Comme on fait l'amour fans façon,
Zifte, zefte, &c.

∽

Comme on fait l'amour fans façon,
Zifte, zefte, patapon:
Or écoûtez voicy le bon,
Zifte, zefte, &c.

∽

Or écoûtez voicy le bon,
Zifte, zefte, patapon:
La Belle ne luy dit pas non,
Zifte, zefte, &c.

∽

La Belle ne luy dit pas non,
Zifte, zefte, patapon:
Elle s'affit fur le gazon,
Zifte, zefte, &c.

∽

Elle s'affit fur le gazon,
Zifte, zefte, patapon:
Mais j'ay de la difcretion,
Zifte, zefte, &c.

LES RONDES,

Cent vingt-cinquiéme Air.

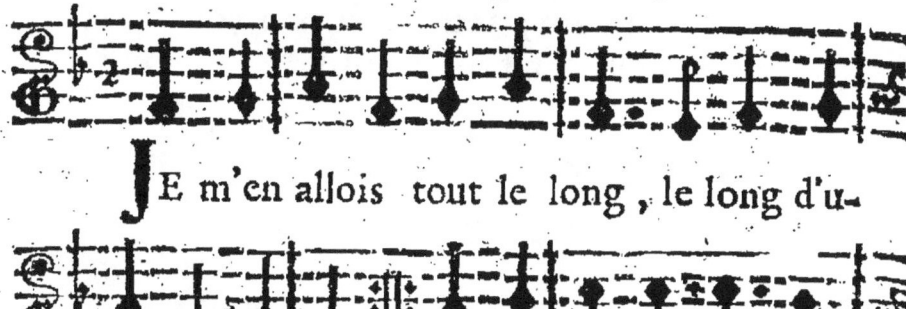

JE m'en allois tout le long, le long d'une prai- rie : Je rencontray Jeanne-

Refrain.

ton Sur l'herbette fleuri- e ; Il fait bon

trouver sur le jonc, La Bergere endormi- e.

 Je rencontray Jeanneton,
Sur l'herbette fleurie :
Je l'approchay sans façon,
Mais tout soudain s'écrie :
Il fait bon trouver sur le jonc,
La Bergere endormie.

 Je l'approchay sans façon,
Mais tout soudain s'écrie :
Hola, ho, tout beau Garçon,
L'amour n'est que folie ;
Il fait bon, &c.

CHANSONS A DANSER.

Hola, ho, tout beau Garçon,
L'Amour n'est que folie :
Je m'en vais dans ce vallon,
Laisse-moy, je te prie ;
Il fait bon, &c.

Je m'en vais dans ce vallon,
Laisse-moy, je te prie :
On sçauroit dans ce canton,
Que tu m'aurois suivie ;
Il fait bon, &c.

On sçauroit dans ce canton,
Que tu m'aurois suivie :
Ma Mere comme un lion,
M'arracheroit la vie;
Il fait bon, &c.

Ma Mere comme un lion,
M'arracheroit la vie :
C'est trop de précaution,
Luy dis-je, belle Amie ;
Il fait bon, &c.

C'est trop de précaution,
Luy dis-je, belle Amie,
Et plus douce qu'un mouton,
Son ame fut fléchie ;
Il fait bon, &c.

LES RONDES,

Cent vingt-sixiéme Air.

Notre grand valet Guillaume Me donne tout ce que je veux: Du poisson, de la chair, des œufs: Enfin de rien je ne chôme:
Refrain.
Mais si ma Mere le sçavoit, Helas! que j'aurois le foüet.

CHANSONS A DANSER.

Ce fut par un beau Dimanche,
Que nous fûmes sous nos Ormeaux:

Il dénicha quatre Moineaux,
Que je vis sur une branche;

Mais si ma Mere le sçavoit,
Helas! que j'aurois le foüet.

Quand une fille est malade,
Il sçait la guerir tout soudain:
Il luy donne d'excellent vin,
Avec une noix muscade;

Mais si ma Mere, &c.

Enfin puisqu'il faut tout dire,
Le soir quand il fait noire nuit:
Lorsqu'il entend le moindre bruit,
Tout doucement se retire;

Mais si ma Mere, &c.

LES RONDES,

Cent vingt-septiéme Air.

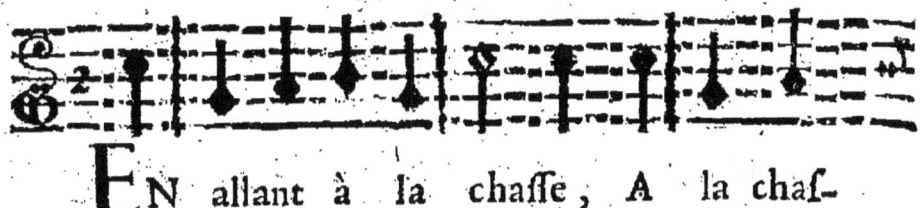

EN allant à la chasse, A la chas-

se à l'oiseau : J'ay rencontré Roulet-

Refrain.

te, Qui dormoit sous l'ormeau ; Roulet-

te Bergere, Bergere rouleau.

J'ay rencontré Roulette,
Qui dormoit sous l'ormeau :

Elle est jeune & bien faite,
C'est l'honneur du Hameau ;

Roulette Bergere, Bergere rouleau.

CHANSONS A DANSER.

  Elle est jeune & bien faite,
C'est l'honneur du Hameau:

Et toûjours guillerette,
Tout comme un Chevreau;

Roulette Bergere, Bergere rouleau.

  Et toûjours guillerette,
Tout comme un Chevreau:

Elle va sur l'herbette,
Le long de ce côteau;

Roulette Bergere, Bergere rouleau.

  Elle va sur l'herbette,
Le long de ce côteau:

Si-tôt qu'elle est seulette,
Chante cet Air nouveau;

Roulette Bergere, Bergere rouleau.

  Si-tôt qu'elle est seulette,
Chante cet Air nouveau:

Et pend une sonnette
Au col de son Agneau;

Roulette Bergere, Bergere rouleau.

  Et pend une sonnette,
Au col de son Agneau:

Deniche la fauvette,
Et se baigne dans l'eau;

Roulette Bergere, Bergere rouleau.

LES RONDES,

Cent vingt-huitième Air.

UN jour Amarante, Avec moy dansoit

Un air de courante, Et me repetoit,

Refrain.

Chante Colin, allons chante; Mais, en chantant, sois discret.

Un air de courante,
Et me repetoit :

Ta danse est charmante,
Garde le secret ;

Chante Colin, allons chante,
Mais, en chantant, sois discret.

CHANSONS A DANSER.

Ta danse est charmante,
Garde le secret :

Voy-tu bien ma Tante,
Autant elle en fait;

Chante Colin, &c.

※

Voy-tu bien ma Tante,
Autant elle en fait :

Quand on est fringante,
C'est un grand attrait;

Chante Colin, &c.

※

Quand on est fringante,
C'est un grand attrait :

Rien ne m'épouvante,
Que quand on le sçait;

Chante Colin, &c.

LES RONDES,
Cent vingt-neuvième Air.

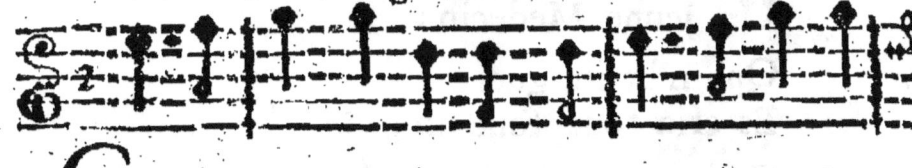
C'Etoit trois Begeres   Qui filoient de fin

lin, L'une pour ses Freres, L'autre pour Refrain.

son Cousin; Courage, courage, cela

va fort bien.

L'une pour ses Freres,
L'autre pour son Cousin:

Et pour la derniere,
Elle n'avançoit rien;

Courage, courage, cela va fort bien.

✿

Et pour la derniere,
Elle n'avançoit rien:

– Il vint de Cythere,
Un jeune Medecin;

Courage, courage, cela va fort bien.

✿

CHANSONS A DANSER.

Il vint de Cythere,
Un jeune Medecin :
Qui n'hesita guere,
Et cria tout soudain ;
Courage, courage, cela va fort bien.

❈

Qui n'hesita guere,
Et cria tout soudain :
Avant de rien faire,
Je veux luy voir la main ;
Courage, courage, cela va fort bien.

❈

Avant de rien faire,
Je veux luy voir la main :
Beaucoup j'en espere,
Car j'en connois le fin ;
Courage, courage, cela va fort bien.

❈

Beaucoup j'en espere,
Car j'en connois le fin :
Ce qu'on luy peut faire,
Et de plus souverain ;
Courage, courage, cela va fort bien.

❈

Ce qu'on luy peut faire,
Et de plus souverain :
Est fort ordinaire,
Mais on le cache bien ;
Courage, courage, cela va fort bien.

❈

Cent trentiéme Air.

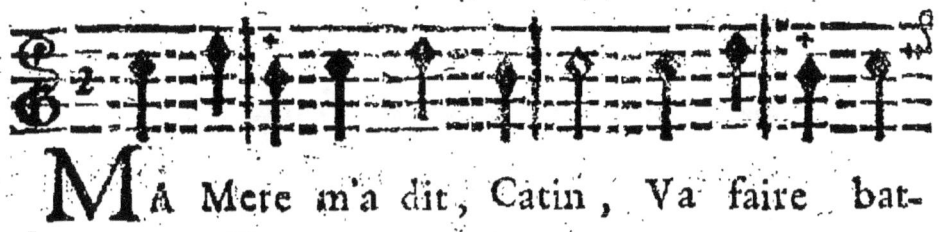
MA Mere m'a dit, Catin, Va faire bat-

tre l'avoine; Je me levay si matin, Que nô-

tre valet Antoine, Dormoit sous un arbris-

seau, Couché près de son fléau.

Tu ne fais rien gros lourdau,
Luy dis-je toute en colere :
Pardon charmante Ysabeau,
Je t'atendois ma Bergere,
Mais pour battre comme il faut,
Je vais porter mon fléau.

Il me suivit de bien loin,
Jusqu'au milieu de la Grange,
Là nous trouvâmes du foin,
Qu'avec ma main je dérange,
Il se mettoit tout en eau,
A battre avec son fléau.

Cent trente-uniéme Air.

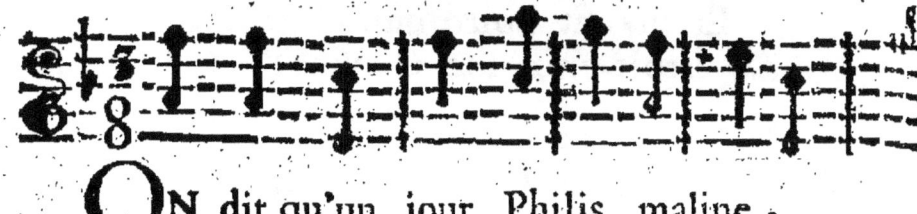

ON dit qu'un jour Philis maline,

Le diroit-on d'une Cousine? Fit entrer

dedans la cuisine, Un bon gros Drille à
Refrain.

chapeau gris; Le diroit-on d'une Cou-

sine? Et qui n'en seroit pas surpris?

Fit entrer dedans la cuisine,
  Le diroit-on d'une Cousine?
Et luy fit boire une chopine,
  Pour mieux le mettre en appetit;
Le diroit-on d'une Cousine?
Et qui n'en seroit pas surpris?

CHANSONS A DANSER.

Et luy fit boire une chopine,
Le diroit-on d'une Cousine?

Enfin luy fit si bonne mine,
Que ce beau Gars en fut épris;

Le diroit-on, &c.

Enfin luy fit si bonne mine,
Le diroit-on d'une Cousine?

Qu'il jetta bas sa manteline,
Et mit tous ses maux en oubly;

Le diroit-on, &c.

Qu'il jetta bas sa manteline,
Le diroit-on d'une Cousine?

La Fille d'une humeur badine,
En le voyant se réjoüit;

Le diroit-on, &c.

La Fille d'une humeur badine,
Le diroit-on d'une Cousine?

Luy fit manger de la Sardine,
Et d'un pâté de six Perdrix;

Le diroit-on, &c.

Luy fit manger de la Sardine,
Le diroit-on d'une Cousine?

Tant qu'il vuida nôtre Cantine,
J'enrage encor quand je le dis;

Le diroit-on, &c.

Cent trente-deuxiéme Air.

Robinet fit la lescive, Par un matin qu'il pleuvoit: Il la coulle, il la lave, *Refrain.* La porte même au sechoir; Faites tretous pour vos Femmes, Ainsi que fait Robinet.

CHANSONS A DANSER.

Je la coule, il la lave,
L'apporte même au sechoir :
Il revient à son menage,
Pour bercer l'Enfant qui bray :
Faites tretous à vos Femmes,
Ainsi que fait Robinet.

❧

Il revient à son menage,
Pour bercer l'Enfant qui bray :
Un jour Robinet s'avise
Qu'il en avoit par trop fait ;
Faites, &c.

❧

Un jour Robinet s'avise
Qu'il en avoit par trop fait :
Il a pris une houssine,
Dessus sa Femme frappoit ;
Faites, &c.

❧

Il a pris une houssine,
Dessus sa Femme frappoit ;
Et quoy, madame la Bête,
Seray-je toûjours Valet ?
Faites, &c.

❧

Et quoy madame la Bête,
Seray-je toûjours Valet ?
Vrayment je seray le Maître,
Ou bien vous direz pourquoy ;
Faites, &c.

❧

Cent trente-troisiéme Air.

LA mode est ve- nuë depuis peu de temps, Que toutes les Dames auront

Refrain.

des Amants: O! la brave mode, helas! le bon temps, D'avoir un Amy pour conter ses tourments.

CHANSONS A DANSER.

Pour suivre la mode, je m'en vais choisir
Un Amy qui m'aime selon mon desir;
O! la brave mode, helas! le bon temps,
D'avoir un Amy pour conter ses tourments.

Je luy veux accorder toutes les faveurs
Que donnent les Dames à leurs Serviteurs;
O! la brave mode, helas! le bon temps,
D'avoir un Amy pour conter ses tourments.

Entre vous mes Dames, suivez mon conseil :
Mais soyez discrettes, car rien n'est pareil
A la brave mode, & à ce bon temps,
Où chaqu'un peut rendre ses desirs contents.

LES RONDES,
Cent trente-quatriéme Air.

Nôtre Annesse levée, Un heure avant le jour; Prit son bas & sa sangle, Au bois s'en fût à tout;
Refrain.
Tarlara, la, lara, tarlara, ra,
Tourelourou, lou, lourou, rou.

Prit son bas & sa sangle,
Au bois s'en fût à tout:
En son chemin rencontre,
Son Compere le Loup;
Tarlara, la, lara, tarlara, ra,
Tourelourou, lou, lourou, rou.

CHANSONS A DANSER.

En son chemin rencontre,
Son Compere le Loup :
Où vas-tu, ma Commere ?
Je te mangeray tout ;
Tarlara, &c.

Où vas-tu, ma Commere ?
Je te mangeray tout :
Nouferas, mon Compere,
Tu viendras avec nous ;
Tarlara, &c.

Nouferas, mon Compere,
Tu viendras avec nous :
Je m'en vas à la nôce,
Tu en seras étou ;
Tarlara, &c.

Je m'en vas à la nôce,
Tu en seras étou :
Quand il fut à la nôce,
Il s'assit au haut bout ;
Tarlara, &c.

Quand il fut à la nôce,
Il s'assit au haut bout :
Madame l'Epousée,
Je m'en vas boire à vous ;
Tarlara, &c.

CHANSONS A DANSER.

Ce n'est pas être bien fine,
Il n'est Voisin qui ne voisine :

Que de faire si grand cas,
De garder son air sauvage ;

Ce n'est point un voisinage,
Quand on ne voisine pas.

❀

Jacqueline ma Cousine,
Il n'est Voisin qui ne voisine :

Allons prendre nos ébats,
Dans l'épais de ce feüillage :

Ce n'est point, &c.

❀

Ne fai point la mutine,
Il n'est Voisin qui ne voisine :

Il te faut tomber à bas,
Ne répond pas davantage :

Ce n'est point, &c.

❀

Dans cet instant Jacqueline,
Il n'est Voisin qui ne voisine ;

Disoit mon fils, mon Colas,
Je n'ay force ny courage :

Ce n'est point, &c.

❀

Cent trente-sixième Air.

TEs tours de lits, ma Cloris, Sont les plus beaux de Paris: Il n'est rien de si charmant Que ta tapis- se- ri- e;
Refrain.
Et tu cous si joliment, Que tu m'en donne envi- e.

Les ouvrages que tu fais,
Sont si beaux & si parfaits :

Qu'ils passent infiniment
La façon d'Italie ;

Et tu cous si joliment,
Que tu m'en donne envie.

Tu n'es pas de ces esprits
Qui font tout avec mépris :

Tu prens l'aiguille à la main,
Si-tôt que l'on t'en prie ;

Et tu cous si joliment,
Que tu m'en donne envie.

Si tu voulois travailler,
Je sçaurois bien t'employer :

L'Amour, ce Dieu complaisant,
Tous les jours t'en convie ;

Car tu cous si joliment,
Que tu m'en donne envie.

Le feu qui part de tes yeux,
En buvant de ce vin vieux :

Conduit insensiblement
A faire une folie ;

Car tu bois si joliment,
Que tu m'en donne envie.

LES RONDES,

Cent trente-septiéme Air.

Embarquez-vous, mes Dames, Ne craignez point les eaux: Pour éteindre vos flâ-
Refrain.
mes, Entrez dans nos Vaisseaux; Pour bien ai-mer Faut être homme de mer, Les Mate-lots Aime' au milieu des flots.

CHANSONS A DANSER.

Nous sommes bons pilotes,
Qui conduisons au Port:
Nous connoissons les côtes,
Et l'étoille du Nord;
Pour bien aimer,
Faut être homme de mer,
Les Matelots,
Aime' au milieu des flots.

Sur la Terre & sur l'Onde,
Chacun aime à son tour:
Il n'est rien dans le monde,
Qui soit exempt d'amour;
Pour bien, &c.

Les Officiers de Terre,
N'aiment pas constamment:
Il sont comme le verre
Qui rompt facilement;
Pour bien, &c.

Pour nous de la constance,
Nous goûtons les douceurs:
Pourvû que l'esperance
Puisse flatter nos cœurs;
Pour bien, &c.

Essayez donc la Belle,
Rendez-vous désormais:
Jamais un cœur rebelle,
N'eut de plaisirs parfaits;
Pour bien, &c.

LES RONDES,

Cent trente-huitiéme Air.

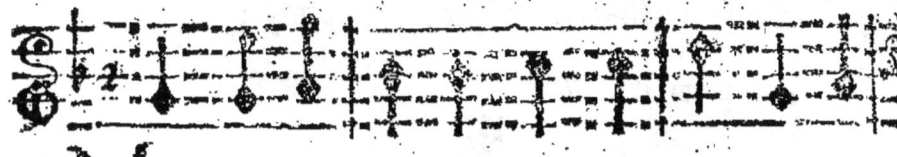

ME promenant le long d'un pré, J'étois

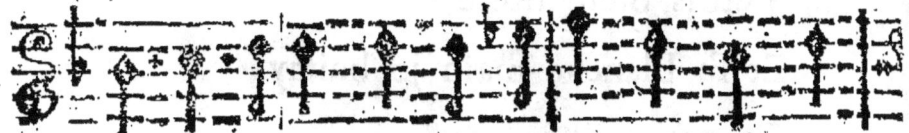

bien alteré, Ma Jeanneton j'ay rencon-

Refrain.

tré; La peti- te friande, J'étois bien

alteré, C'est ce qu'elle demande.

Ma Jeanneton j'ay rencontré,
J'étois bien alteré :
Qui s'endormoit dedans un bled ;
La petite friande,
J'étois bien alteré,
C'est ce qu'elle demande.

CHANSONS A DANSER.

Qui s'endormoit dedans un bled,
J'étois bien alteré:

Tout auſſi-tôt je m'approchay;

La petite, &c.

Tout auſſi-tôt je m'approchay,
J'étois bien alteré:

Et ſa blanche main je baiſay;

La petite, &c.

Et ſa blanche main je baiſay,
J'étois bien alteré:

Elle dit c'eſt contre mon gré;

La petite, &c.

Elle dit c'eſt contre mon gré,
J'étois bien alteré:

Toûjours cependant j'achevay;

La petite, &c.

LES RONDES,

Cent trente-neuviéme Air.

Vrayment c'est assez causer, Une
Je ne veux plus m'amuser:
chanson à danser seroit bien plus jolie, Je commence le premier; Mais vous suivrez ma Mie.

Allons donc tous de ce pas,
Cette Brune a tant d'appas.

Que de la laisser enfin,
Seroit commettre un crime;
Prenez donc vôtre Voisin
Qui près de vous s'anime.

CHANSONS A DANSER.

Cette Belle au tein si blanc,
On m'a dit qu'assurement

Elle ne veut pas danser,
Mais elle s'est trompée ;
Peut-elle le refuser,
Nôtre danse est aisée ?

❦

Vous petite Jeanneton,
Qui cachez vôtre menton ;

Ne retirez pas si fort
Vôtre tête en arriere,
Helas ! vous avez grand tort,
Estes-vous la premiere ?

❦

Et vous qui ne dites mot,
Serez-vous de nôtre écot ?

Tout bas vous le desirez,
N'en faites pas la fine ;
A coup sûr vous danserez,
Cessez d'être mutine.

❦

Aprés avoir tant chanté,
Seray-je donc rebuté ?

C'est la danse de l'amour,
Elle est assez commune,
Je m'en vais prendre à mon tour,
Cinq ou six fois chacune.

❦

LES RONDES,
Cent quarantiéme Air.

Avoüez que quand on danse, Sur tout dans le mois de May: Quand les pieds vont en cadance, On a toûjours le cœur gay;

Refrain.

Bergere allons gay, gay, gay. Avec moy faites l'essay.

Quand

CHANSONS A DANSER.

Quand on est devant le monde,
Il faut danser posément :

Mais dans un bois, belle Blonde,
L'on danse tout autrement ;

Bergere, allons gay, gay, gay,
Avec moy faites l'essay.

※

A Paris l'on se trémousse,
Et ce n'est pas sans raison :

Car l'eau qui fait de la mousse,
Est la meilleure dit-on ?

Bergere, allons, &c.

※

Ah ! belle Iris, qu'il me tarde
De danser seul avec vous :

Personne ne vous regarde,
Goûtons ce moment si doux !

Bergere, allons, &c.

※

Quand vous entendray-je dire
Que vôtre cœur y consent :

S'il ne dit rien, il soûpire ;
C'en est trop pour un amant !

Bergere, allons, &c.

※

LES RONDES,

Cent quarante-uniéme Air.

Telle Fille qu'on admire; Le nez à Pierot, Fait souvent semblant de rire,

Refrain.

Le nez à Pierot; Le nez à Pierot l'on tire, Le nez à Pierot.

Fait souvent semblant de rire,
Le nez à Pierot,

Tandis que son cœur soûpire,
Le nez à Pierot;

Le nez à Pierot l'on tire,
Le nez à Pierot.

CHANSONS A DANSER.

Tandis que son cœur soûpire,
Le nez à Pierot :

Chacun sçait qu'elle desire
Le nez à Pierot,

Le nez, &c.

❋

Chacun sçait qu'elle desire
Le nez à Pierot :

Des loix de l'Amour s'instruire,
Le nez à Pierot ;

Le nez, &c.

❋

Des loix de l'Amour s'instruire,
Le nez à Pierot :

Chaque fois qu'elle entend dire
Le nez à Pierot ;

Le nez, &c.

❋

Chaque fois qu'elle entend dire
Le nez à Pierot :

Et la poële pour les frire,
Le nez à Pierot ;

Le nez, &c.

❋

LES RONDES,

Cent quarante-deuxième Air.

BElle, à tes charmants appas, Ma liberté j'abandonne : Ma Mere dit qu'il ne faut pas Que je caquette avec personne, Conservez vôtre liberté, Je ne sons point de vôtre égalité.

CHANSONS A DANSER.

    Tu connois assurement
Mon dur & cruel martire :

Je pense que voire & vrament,
Vous pouvez à d'autres le dire ;
Les Filles n'avont point d'acquets
De vous entendre avec tous vos caquets.

※

    N'as-tu pas un Serviteur ?
Di-moy, quel il est Jeannette ?

Samon, vous n'estes qu'un causeur,
On vous cassera des noisettes ;
Que j'en ayons ou n'ayons pas,
Ce ne doit point être vôtre embarras.

※

    Pour rendre ton cœur content,
Voudrois-tu de la Musique ?

Oh pargué je sons bien chantant,
J'avons du monde à la Boutique,
C'est viande creuse, vos Chansons ?
Adieu, je vais aveindre des chaussons.

LES RONDES,
Cent quarante-troisiéme Air.

Mon Papa pendant la nuit, Je sens que mon lit brandille, Mariez, mariez, mariez-moy, Ce Lutin n'en veut qu'aux Filles; Mariez, mariez, mariez-moy, Pour dissiper mon effroy.

Je croy que c'est un esprit, De la façon qu'il fretille :

Il m'arrive le matin,
Quand je me coëffe & m'habille,
Qu'à l'oreille ce Lutin,
Je ne sçay quoy me babille :
Mariez, &c.

Il dérange mes cheveux,
Ma coëffure il écartille,
Il vient défaire mes nœuds,
Et défile mon éguille :

Mariez, &c.

De mon écharpe il défait
Et la frange & la chenille ;
Mes mouches sur le parquet,
En riant il éparpille :

Mariez, &c.

Quand je tiens mon Luth en main
Il détourne les chevilles,
J'entends sur mon Clavecin,
Je ne sçay quoy qui sautille :

Mariez, &c.

Des jeux d'ombre l'autre jour,
Il écarta les Spadilles,
Et fit si bien qu'en vingt tours,
Il m'en couta dix Codilles :

Mariez, &c.

Admirez donc le pouvoir
De ce malin petit Drille,
Si-tôt que je le veux voir,
Il rentre dans sa coquille :

Mariez, &c.

288 LES RONDES,
Cent quarante-quatriéme Air.

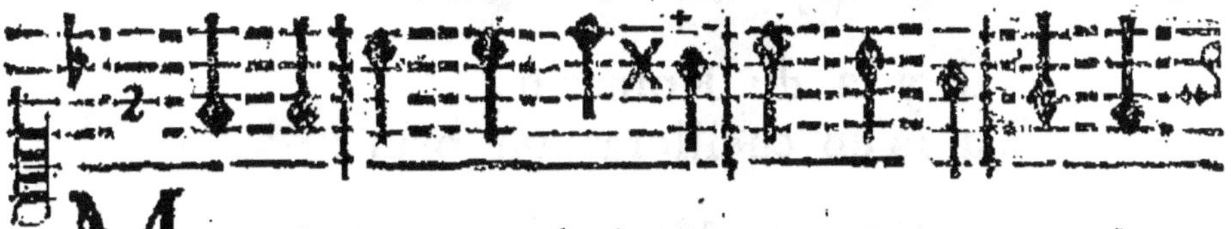

Mon Amy, mon bel Amy, Mene-moy dedans les champs: Pour y voir des bleus char-
Refrain.
mants, Nous foyerons les froments; Nous 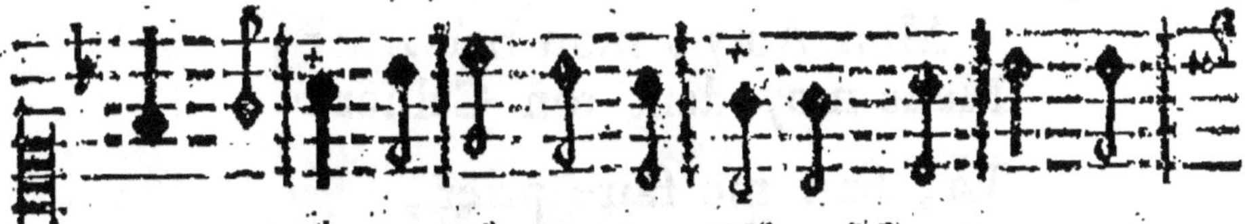 aurons de la pluye ma Mie, Nous aurons 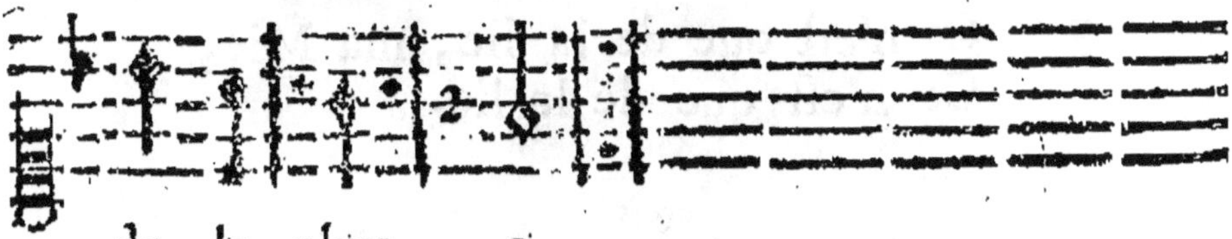 de la pluy- e. 

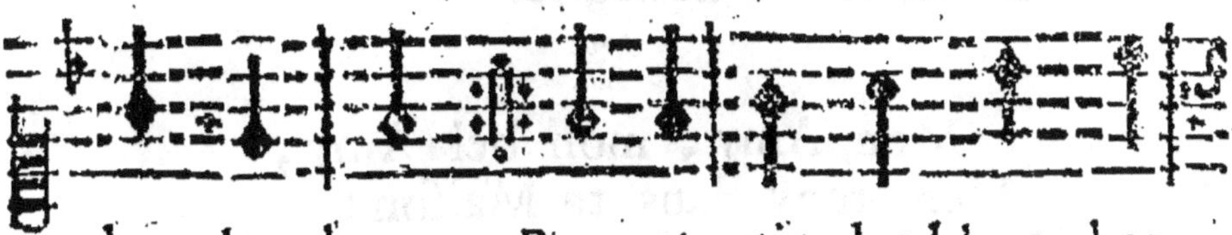

    Mon Amy, mon bel Amy,
Mene moy dedans les bois:
Nous nous baisserons par fois,
Et ramasserons des noix;
Nous aurons, &c.

Men

CHANSONS A DANSER.

    Mon Amy, mon bel Amy,
Mene-moy dans ton Jardin :

S'il y a du Romarin,
Tu m'en cueilleras un brin :

La fleur est défleurie, ma Mie,
La fleur est défleurie.

    Mon Amy, mon bel Amy,
Mene-moy dans ta Maison :

Nappe & serviettes y sont,
Dont sur l'heure essayerons ;

Tout est à la lessive, ma Mie,
Tout est à la lessive.

    Mon Amy, mon bel Amy,
Mene-moy dans ton Cellier :

Là, sans me faire prier,
De ton vin je veux goûter ;

Ce n'est que de la lie, ma Mie,
Ce n'est que de la lie.

LES RONDES,

Cent quarante-cinquième Air.

ENtre vous tous jeunes hommes, Qui voulez vous marier: Prenez garde à vous bien mettre, Avant que de commencer: Le cœur de ces jeunes Dames, Est plein de legereté.

Refrain.

CHANSONS A DANSER.

Prenez garde à vous bien mettre,
Avant que de commencer :

Pour moy j'en ay aimé une,
Qui m'a mal recompensé :

Le cœur de ces jeunes Dames,
Est plein de legereté.

Pour moy j'en ay aimé une,
Qui m'a mal recompensé :

Elle m'a écrit cinq lettres,
Je m'en vais vous les nommer :

Le cœur de ces jeunes Dames,
Est plein de legereté.

Elle m'a écrit cinq lettres,
Je m'en vais vous les nommer :

Je croy que cela veut dire,
En bon françois, mon CONGE' :

Le cœur de ces jeunes Dames,
Est plein de legereté.

LES RONDES,

Cent quarante-sixiéme Air.

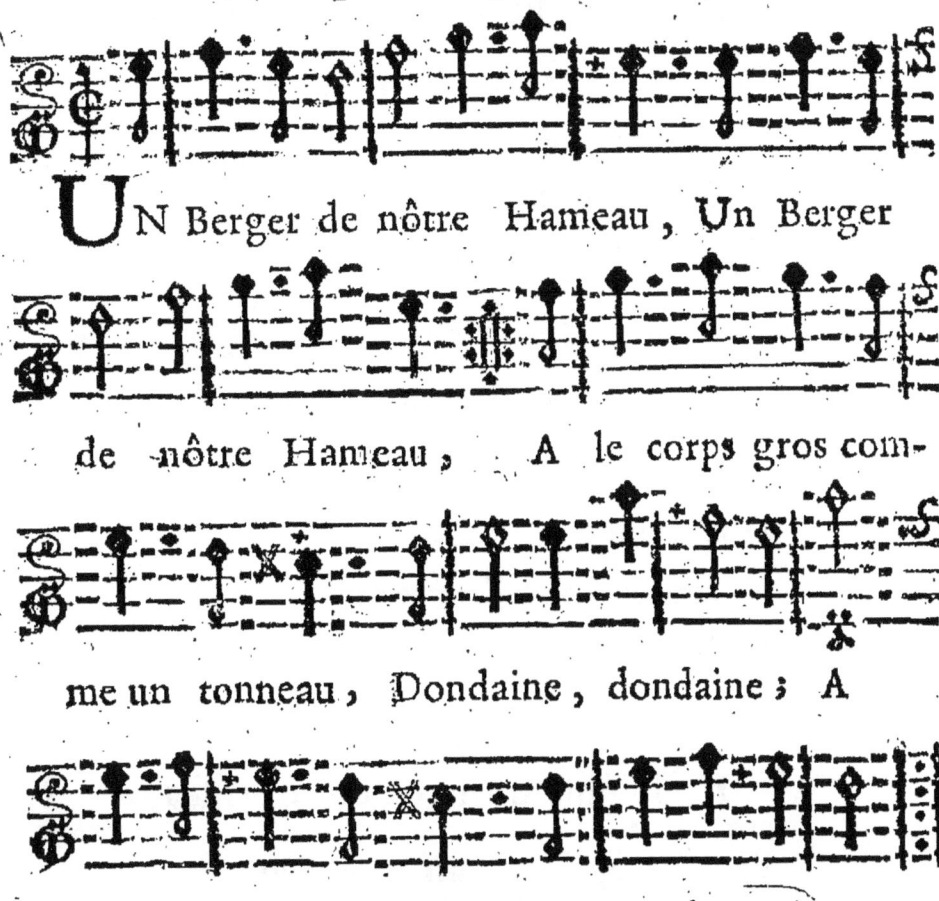

Un Berger de nôtre Hameau, Un Berger de nôtre Hameau, A le corps gros comme un tonneau, Dondaine, dondaine; A danser sous l'ormeau, Qu'il a de peine!

A le corps gros comme un tonneau, *bis.*

Et les jambes comme un fuseau,
Dondaine, dondaine;
A danser sous l'ormeau,
Qu'il a de peine!

CHANSONS A DANSER.

Et les jambes comme un fuseau : *bis.*

Pour Colin, il est bien plus beau,
Dondaine, dondaine ;
A danser sous l'ormeau,
Qu'il a de peine !

Pour Colin, il est bien plus beau : *bis.*

Il est plus droit qu'un arbrisseau,
Dondaine, dondaine ;
A danser sous l'ormeau,
Qu'il a de peine !

Il est plus droit qu'un arbrisseau : *bis.*

Et plus agile qu'un moineau,
Dondaine, dondaine ;
Quand il vient sous l'ormeau,
L'Amour m'y mene.

LES RONDES,
Cent quarante-septième Air.

Il est venu dans cette Vil- le, Un doux Mene- trier de fil- les : Qui veut de chacune un écu, Pour apprendre à danser aux gen- tilles, Qui veut de chacune un é- cu; Et puis il danse comme un perdu.

Tout au beau milieu de la Ville,
En travaillant qu'il est civile !

Mais il veut avoir un écu,
Et si, faut-il qu'elle soit gentille ;
Mais il veut avoir un écu,
Et puis il danse comme un perdu.

On y voit venir des Marchandes,
Quelques petites, d'autres grandes :

Mais il veut avoir un écu,
Et si, faut-il qu'elles soient friandes,
Mais il veut avoir un écu,
Et puis il danse comme un perdu.

Il y survint une ridée,
Qui paroissoit bien requinquée :

Il luy dit gardez vôtre écu,
Au repos vous êtes condamnée,
Il luy dit gardez vôtre écu,
Si vous dansiez, tout seroit perdu.

Cent quarante-huitiéme Air.

IL étoit un bon homme, Qui botte-loit du foin, Avecque sa Voisine, Qui

Refrain.

n'en étoit pas loin; Attendez à demain mon Voisin, Attendez à demain.

Avecque sa Voisine,
Qui n'en étoit pas loin :

Il y fut bien deux heures,
Sans luy parler de rien;
Attendez à demain, mon Voisin,
Attendez à demain.

Il y fut bien deux heures,
Sans luy parler de rien :

Et au bout de deux heures,
Il la prit par la main ;

Attendez, &c.

Et au bout de deux heures,
Il la prit par la main :

Laiſſez cela bon-homme,
Vous n'y comprenez rien ;

Attendez, &c.

Laiſſez cela bon-homme,
Vous n'y comprenez rien :

Laiſſez cette beſogne
A mon petit Voiſin ;

Attendez, &c.

Laiſſez cette beſogne,
A mon petit Voiſin :

C'eſt luy qui la gouverne
Le ſoir & le matin ;

Attendez, &c.

LES RONDES,

Cent quarante-neuviéme Air.

Une visse sans un étuy, C'est une besogne à demy, Un Bidet sans étril-le : C'est un Rossignol endor-my, C'est un trou sans chevil-le.

C'est un Aveugle sans bâton,
C'est une barbe sans manton,
Une boule sans quille,
Un Pelerin sans son bourdon,
Sans chapeau sans coquille.

CHANSONS A DANSER.

C'est une Porte sans loquet,
C'est une Pie sans caquet,
Un Jardin sans culture,
Une Cage sans Perroquet,
Un lit sans couverture.

C'est un Enclume sans marteau,
C'est une Gaine sans couteau,
Un Carrosse sans rouë,
C'est un Trou-Madame fort beau,
Où personne ne jouë.

LES RONDES,
Cent cinquantiéme Air.

I C. ENcor que je sois jeunette, J'ay pourtant un
II C. Il est doux, il est honnête, Toutes vertus

bel Ami : mi : Il est doux, il est honnête,
sont en lui : lui : J'ai grād peur qu'il ne me laisse,
                                          Refrain.

Toutes vertus sont en luy ; Et quand je le
Pour un autre aller servir ;

vois venir, J'ay le cœur tant à mon aise, Et

quand je le vois venir, J'ay le cœur tant

réjoüy.

CHANSONS A DANSER.

J'ay grand peur qu'il ne me laisse,
Pour un autre aller servir :
S'il m'aimoit comme je l'aime,
Ne seroit-il pas icy ?

Et quand, &c.

S'il m'aimoit comme je l'aime,
Ne seroit-il pas icy ?
En finissant la parole,
Il entra dans mon logis ;

Et quand, &c.

En finissant la parole
Il entra dans mon logis :
Monsieur, prenez une chaise,
Et vous souperez icy ;

Et quand, &c.

Monsieur, prenez une chaise,
Et vous souperez icy :
Ne se le fit pas redire,
A mes côtez il se mit ;

Et quand, &c.

Ne se le fit pas redire,
A mes côtez il se mit :
De son amitié fidelle,
Que de sermens il me fit !

Et quand, &c.

Fin du premier Volume.

TABLE ALPHABETIQUE

Des Cent Cinquante RONDES *de ce Volume.*

A

AH ! que le jeu du flageolet.	Page 224
Ah ! que tu m'importune, Amour.	186
A l'Age de quinze ans.	58
Allant à la chasse.	182
A Paris, j'aime trois filles.	244
A Paris, sur le Petit-pont.	136
Apprenez-moy, ma sœur Fanchon.	160
Au Jardin de mon Pere.	214
Avoüez que quand on danse.	280
Auprès de vous, Climene.	34

B

BElle, à tes charmans appas.	234

C

CAtin est ma maîtresse.	28
Ce fut sur nôtre montée.	212
Ce sont les Navetieres de S. Germain-des-Prez.	140
C'est la jeune Boulangere.	200

TABLE.

C'étoit trois Bergeres.	Page 258
Cloris cette jeune rusée.	10
Colin gardant son Troupeau.	92
Colin tout brûlant d'amour.	112
Commere, j'ay un beau valet.	242

D

Dedans nôtre Jardin j'entrai.	114
Dieux ! Que ces femmes sont sottes !	142

E

EH ! mon Pere, mariez-moi.	18
Embarquez-vous, mes Dames.	274
En allant à la chasse.	254
En allant me promener.	198
Encor bien qu'il fut Fête.	48
Encor que je sois jeunette.	300
En m'en revenant de Rome.	236
En revenant d'Avignon.	216
En revenant de Charenton.	248
En revenant de Charonne.	206
En revenant de Saint Denis.	70
En revenant de la Villette.	24
Entre-vous tous, jeunes hommes.	290
Entre-vous, gentils Garçons.	148
Entre-vous, mes Jeunes Filles qui.	230
Entre-vous, mes Jeunes Filles.	122
Entre-vous, Messieurs & Dames.	184
Estes-vous de Saint Denis ?	168
Et c'est au Palais qu'il y a une Lingere.	172

F

Fillettes qui passez quinze ans.	210

TABLE

G

Guaultier étoit bon Cordonnier. *Page* 246
Gervais ce vieillard maussade. 94
Guillot dit à Guillemette. 32

H

Helas! mariez-moi, ne suis-je pas en âge. 124

J I

Jacques, Jacq, helas! mon Ami Jacques. 240
J'ai bien le plus sot mari. 208
J'aimois une jeune fille. 232
J'ai demandé à mon Chat. 50
J'ai fait un amant nouveau. 64
J'ai trouvé le gros Valeton. 106
Jean des Sots mari' sa fille. 178
Je connois un certain homme. 96
Je me levai par un matin. 210
Je me mariai Lundi. 30
Je m'en allai tout le long d'une Prairie. 250
Je n'en ferai qu'à ma tête. 80
Je ne scai comment il s'y prit. 86
J'entendois un jour Colas. 156
J'entrai l'autre jour en danse. 128
Il est venu dans cette Ville. 294
Il étoit un bon homme. 296
Il étoit un Cadet blanc. 42
Il étoit une Dame. 60
Il nous faut avoir des Tondeurs dans nos maisons. 26
Il s'en est allé Nicolas. 66
Il s'est fait une grand' Fête. 116
Il y a bien d'honnêtes gens. 150

L

La bas dans la Prairie. 8
La jeune & tendre Catin. 46

La mode

TABLE.

La mode est venuë depuis peu de temps.	Page 166
L'Amour est le protecteur.	40
Lan far larira.	130
L'autre jour je rencontrai une Damoiselle.	44
L'autre jour le fol amour.	68
L'autre jour m'allant promener.	56
L'autre jour me promenant.	222
L'autre jour me promenant dessus la tendre herbette.	234
L'autre jour sous un chêne.	194
L'autre jour un Villageois.	74
Le malheur m'en voulut bien.	202
L'espoir est hors de saison.	152

M

MA Commere, ma mie.	100
Maman, vous n'étiez pas sage.	80
Ma mere m'a dit, Catin.	260
Ma Tante, mariez-moi donc.	192
Ma voisine Jaquelene.	270
Me mariai hier matin.	128
Me promenant le long d'un Pré.	276
Mere dont la fille est jeunette.	204
Me suis levée par un matin.	14
Michault en faisant l'amour.	138
Mon Ami, mon bel Ami.	288
Mon bon Pere, aussi ma Mere.	174
Mon chemin cheminois.	108
Mon chemin m'acheminois.	144
Mon mari est bien malade.	146
Mon Papa, pendant la nuit.	286
Mon Pere a fait planter un bois.	2
Mon Pere avoit un Jardinet.	180
Mon Pere aussi ma marié ; la belle fougere.	72
Mon Pere aussi m'a marié.	62
Mon Pere est allé aux champs.	170

TABLE.

	Page
Mon Pere m'a donné mari.	12
Mon Pere m'a donnée à un Avocat.	20
Mon Pere m'y marie.	16
Mon Pere m'a donné mari; Ne vous l'avois-je, &c.	54
Mon Per' m'a marié si mal.	52
Mon Pere aussi m'a marié.	62

N

Notre Annesse levée.	168
Notre grand valet Guillaume.	252
Notre valet dans la Vigne.	110

O

O La gentile Commere	90
On dit qu'un jour Philis maligne.	262
On me veut donner un Cloître.	164
Or, il étoit un Avocat.	176
Or, il étoit un homme.	22

P

Par un Lundi matin.	104
Perette étant dessus l'herbette.	120
Perette ma bonne amie.	82
Pierot revenant du moulin.	196
Pour moi je veux un mari.	190

Q

Que c'est un esprit capable.	166
Que Colin est un bon garçon.	84
Quand Colin revint du bois, avec sa serpe.	132
Quand j'entrai en condition.	36
Quand j'étois chez mon Pere, fillette de, &c.	188
Quand j'étois chez mon Pere, petite.	6
Quand j'étois chez mon Per' vacher.	4
Quand ma mere étoit jeunette.	126
Que ma mere est paresseuse.	76

R

Robinet à la Fontaine.	238
Robinet fit la lescive.	264

TABLE.

S

SI mon Ami reste, comme il m'a promis. P. 162
Si toutes les femmes vouloient. 134

T

TElle fille qu'on admire. 282
Tes tours de lit, ma Cloris. 272
Tout le long de la Prairie. 158
Trop matin sont-ils levez les drôles. 226

U V

VIen près de moi mon vieux torchon. 102
Un Berger de nôtre Hameau. 292
Une visse sans un étuy. 298
Un jour à l'ombrage d'un bois. 118
Un jour Amarante. 256
Un jour gardant mon troupeau. 154
Un jour Nanette & Madelon. 38
Un Paresseux qui rechigne. 98
Vrayment c'est assez causer. 278
Vous n'y songez pas, Simone. 78

FIN DE LA TABLE.

ATTRIBUTION DE LA CHARGE
de Seul Imprimeur du Roy pour la Musique.

PAr Lettres Patentes du Roy, données à Fontainebleau le cinquiéme jour du mois d'Octobre, l'An de Grace mil six cent quatre-vingt-quinze, Signées, LOUIS; & sur le replis, Par le Roy, PHELYPEAUX; Scellées du grand Sceau de cire jeaune; Confirmées par Lettres de Surannation, données à Marly le vingt-huitiéme May mil sept cent quinze, Signées comme dessus: Toutes lesd. Lettres Verifiées & Regiſtrées en Parlement le 7. Juin 1715. Il est permis (à J-B. Christophe Ballard, Seul Imprimeur du Roy pour la Musique, & Noteur de la Chapelle de Sa Majesté,) d'Imprimer, faire Imprimer, Vendre & Distribuer toute sorte de Musique tant Vocale, qu'Instrumentale, de quelque Auteur ou Auteurs que ce soit, avec très-expresses inhibitions & défenses à tous Imprimeurs, Libraires, Tailleurs & Fondeurs de Caracteres, & autres personnes generalement quelconques, de Tailler, Fondre, ni contrefaire les Notes, Caracteres, Lettres grises, & autres choses inventées par ledit Ballard; ny d'entreprendre ou faire entreprendre ladite Impression de Musique, en aucun lieu de ce Royaume, Terres & Seigneuries de l'obéissance de Sa Majesté, nonobstant toutes Lettres à ce contraires; sans le congé & permission dud. Ballard; A peine de confiscation des Livres ou Exemplaires, Notes, Caracteres, & autres Instruments servant au fait de ladite Impression de Musique, & de six mille livres d'Amende; Ainsi qu'il est plus amplement déclaré esdites Lettres: Sadite Majesté voulant qu'à l'Extrait d'icelles mis au commencement ou fin desdits Livres imprimez, foy soit ajoûtée comme à l'Original.

www.ingramcontent.com/pod-product-compliance
Lightning Source LLC
Chambersburg PA
CBHW071509160426
43196CB00010B/1464